AF275044

COLEX

GRACIAS POR CONFIAR EN COLEX

Disfrute gratuitamente DURANTE UN AÑO de los eBook, audiolibros y Colex Copilot de las obras de Editorial Colex*

ACTIVA TU CÓDIGO PARA ACCEDER A LOS SERVICIOS

1. Accede a **www.colex.es**.
2. Inicia sesión o regístrate como usuario.
3. Dirígete al menú de usuario y haz clic en **«Mis códigos»**.
4. Introduce el siguiente código **(RASCA PARA VER EL CÓDIGO)**:

- ◆ Una vez se valide el código, aparecerá una ventana de confirmación y su eBook / audiolibro / Colex copilot estarán activos **durante 1 año desde su activación** en la pestaña «Mis libros» en el menú de usuario.

* Los audiolibros están disponibles en las ediciones más recientes de nuestras obras. Se excluyen expresamente las colecciones «Códigos comentados», «Biblioteca digital» y los productos de www.vademecumlegal.es. Colex Copilot únicamente está disponible en las ediciones más recientes de las colecciones «Paso a paso» y «Vademecum».

No se admitirá la devolución si el código promocional ha sido manipulado y/o utilizado.

NUEVA FUNCIONALIDAD CON INTELIGENCIA ARTIFICIAL EN LOS LIBROS DE COLEX

| Una cortesía de Iberley.es |

En Colex damos un paso más en innovación jurídica. Desde ahora, las guías «Paso a paso» y los «Vademecum» incorporan una nueva funcionalidad basada en **inteligencia artificial**, gracias a la tecnología de **Iberley IA**.

El lector podrá interactuar directamente con el contenido del libro de forma inmediata, útil y centrada exclusivamente en su materia.

☑ **¿Qué puede hacer el usuario en el libro?**

💬 Realizar preguntas sobre el contenido del libro.

📑 Solicitar explicaciones de artículos, conceptos o normativa.

✳ Utilizar un ChatBot inteligente, contextualizado y acoplado al contenido legal del libro.

💡 Resolver dudas puntuales mientras se estudia o trabaja con la obra.

☒ **¿Qué no puede hacer esta versión del ChatBot?**

✗ No permite generar escritos jurídicos.

✗ No analiza ni responde documentos externos.

✗ No responde a consultas de otras materias distintas a la del libro.

Esta herramienta está pensada para enriquecer la experiencia de lectura y consulta del libro. Su uso es exclusivo sobre su contenido.

¿QUIERES IR MÁS ALLÁ? DESCUBRE IBERLEY IA

Si necesitas una **solución avanzada de inteligencia legal**, con cobertura total de materias y documentos, entra en **www.iberley.es** y accede a todas las funcionalidades profesionales:

CUADRO SIMBÓLICO DE FUNCIONALIDADES		
Funcionalidad	**En los libros Colex**	**En Iberley.es**
Preguntar sobre el contenido del libro	✓	✓
Solicitar explicaciones jurídicas	✓	✓
ChatBot integrado al contenido del libro	✓	✓
Consultas sobre otras materias	✗	✓
Análisis de documentos externos	✗	✓
Generación de escritos jurídicos	✗	✓
Traducción jurídica	✗	✓
Informes y resúmenes legales automáticos	✗	✓
Contratos, guías prácticas y emails para clientes	✗	✓
Estrategias judiciales y jurisprudencia instantánea	✗	✓

MÁS DE 100 PREGUNTAS Y RESPUESTAS SOBRE LOS MASC

Dudas más frecuentes respecto de los medios adecuados de solución de controversias (MASC) y cómo usar herramientas tecnológicas con validez legal

MÁS DE 100 PREGUNTAS Y RESPUESTAS SOBRE LOS MASC

Dudas más frecuentes respecto de los medios adecuados de solución de controversias (MASC) y cómo usar herramientas tecnológicas con validez legal

EDICIÓN 2025

Obra realizada por el Departamento de Documentación de Iberley

COLEX 2025

SUMARIO

1.
INTRODUCCIÓN

2.
RASGOS GENERALES DE LOS MASC

3.
LA CONFIDENCIALIDAD EN LOS MASC

4.
TIPOS DE MASC

5.
EL REQUISITO DE PROCEDIBILIDAD
EN LOS MASC

7.
ESPECIAL REFERENCIA AL REQUISITO DE PROCEDIBILIDAD EN MATERIA DE CONSUMO

10.
COSTAS Y HONORARIOS EN LOS MASC

1.
INTRODUCCIÓN

Introducción

La **Ley Orgánica 1/2025, de 2 de enero, de medidas en materia de eficiencia del Servicio Público de Justicia,** vigente desde el **3 de abril de 2025,** ha introducido toda una serie de medidas, entre la que destaca la **potenciación de la vía negociadora para resolver las controversias sin necesidad de acudir a la vía jurisdiccional.** Con esta finalidad se regulan los llamados **medios adecuados de solución de controversias, «MASC»,** en su capítulo I, título II, **artículos 2 a 19 de la LO 1/2025, de 2 de enero.**

Se definen los MASC como **cualquier tipo de actividad negociadora, reconocida en la ley, a la que las partes de un conflicto acuden de buena fe con el objeto de encontrar una solución extrajudicial al mismo,** ya sea por sí mismas o con la intervención de una tercera persona neutral.

En la regulación de los MASC destacan dos principios básicos que deben regir los mismos: la **confidencialidad** y el **principio de autonomía privada.**

Los MASC son de aplicación a los **asuntos civiles y mercantiles, incluidos los conflictos transfronterizos.** Si bien esta regla general presenta distintas **excepciones que deri-**

17

van de los artículos 3 y 4 de la LO 1/2025, de 2 de enero, como los asuntos concursales o las materias indisponibles para las partes.

Asimismo, como novedad, se exige acudir a un MASC como **requisito de procedibilidad** previo a la admisión de las demandas. En este sentido tener en cuenta el juego del artículo 5 de la LO 1/2025, de 2 de enero, con los artículos 399.3 y 403 de la LEC.

Cabe reseñar, respecto del requisito de procedibilidad mencionado, que la determinación de los casos en que el mismo es obligatorio, así como los casos excluidos y exentos de aquel han dado lugar a numerosas dudas e interpretaciones del requisito en relación con su aplicación práctica.

Para terminar, cabe hacer mención a los **MASC admitidos legalmente** donde se encuentran:

- Las **modalidades de negociación previa previstas en la LO 1/2025, de 2 de enero:** conciliación privada, oferta vinculante confidencial, opinión de persona experta independiente y el proceso de derecho colaborativo.

- La **mediación de la Ley 5/2012, de 6 de julio,** de mediación en asuntos civiles y mercantiles.

- **Cualquier otro medio adecuado de solución de controversias previsto en otras normas,** con referencia expresa a la conciliación ante notario, ante registrador o ante el/la letrado/a de la Administración de Justicia.

2.
RASGOS GENERALES DE LOS MASC

Aspectos generales respecto de los MASC

La **Ley Orgánica 1/2025, de 2 de enero, de medidas en materia de eficiencia del Servicio Público de Justicia, en vigor a partir del 3 de abril de 2025,** con la finalidad de potenciar la **vía negociadora entre las partes,** bien directamente bien a través de un tercero neutral, y **tratando de evitar la sobrecarga de los tribunales** en relación con determinadas controversias en materia civil y mercantil, **ha incorporado los llamados MASC** —medios adecuados de solución de controversias—.

Constituyen estos medios una **vía no jurisdiccional imprescindible para la consolidación de un servicio público de justicia sostenible.** El servicio público de justicia debe ser capaz de ofrecer a la ciudadanía la vía más adecuada para gestionar su problema. En unos casos será la vía exclusivamente judicial, pero en muchos otros será la vía consensual la que ofrezca la mejor opción.

Así pues, se regulan los MASC en el **capítulo I, título II de la LO 1/2025, de 2 de enero, artículos 2 a 19,** en donde se distinguen tres secciones: disposiciones generales, efectos de la actividad negociadora y las diferentes modalidades de negociación previa a la vía jurisdiccional.

Esta nueva regulación ha generado en la práctica **numerosas dudas** sobre todo en relación con la aplicabilidad de los MASC a los distintos procesos, su condición de requisito de procedibilidad y la forma de acreditar en el proceso el intento de negociación. Respecto de la controversia generada a efectos prácticos respecto de esta vía conciliadora han sido numerosas las interpretaciones de los distintos operadores jurídicos (partidos judiciales, LAJ, CGAE...), así pues, atendiendo a aquellas y a lo recogido en la propia norma trataremos de dilucidar los aspectos más relevantes de esta nueva figura.

1. ¿Qué son los MASC?

Se trata de una vía no jurisdiccional que al lado de la propia jurisdicción ofrece a las partes dos tipos de soluciones a su controversia; si bien con esta figura se trata de **potenciar la negociación como solución al conflicto.** Así, el artículo 2 de la LO 1/2025, de 2 de enero, define el MASC como *«cualquier tipo de actividad negociadora, reconocida en esta u otras leyes, estatales o autonómicas, a la que las partes de un conflicto acuden de buena fe con el objeto de encontrar una solución extrajudicial al mismo, ya sea por sí mismas o con la intervención de una tercera persona neutral».*

2. ¿Cuáles son las características de los MASC?

Pueden señalarse como características de los MASC las siguientes:

- Se trata de una vía no jurisdiccional para la resolución de conflictos.

- Es una actividad negociadora, es decir, potencian la negociación entre las partes con la finalidad de alcanzar un acuerdo que satisfaga a ambas y así poner fin a una controversia sin necesidad de acudir a la vía judicial.

- Permiten elegir en el caso concreto el medio más adecuado para solucionar el conflicto.

- Rige en ellos el principio de la buena fe orientado a encontrar una solución extrajudicial al conflicto.

- La negociación en los MASC puede llevarse a cabo por las propias partes o con la intervención de una tercera persona neutral.

- Otro principio importante que incide en los MASC es el principio de autonomía privada del que, con carácter general, deriva la libertad de las partes para convenir o transigir, a través de dichos medios, sobre sus derechos e intereses, si bien con el límite de que lo acordado no sea contrario a la ley, a la buena fe ni al orden público.

3. ¿Qué ventajas puede tener acudir a un MASC?

Las ventajas principales de acudir a un MASC, en comparación con la vía judicial, vienen dadas por la mayor celeridad en la solución del conflicto y la mayor satisfacción de las partes por la solución alcanzada.

En primer lugar, se acelera el procedimiento y se reduce la incertidumbre de la vía judicial. Se trata de una solución al conflicto más rápida, más satisfactoria y más eficaz. Los plazos para alcanzar el acuerdo son más cortos que si el asunto se deriva a los tribunales donde existe mayor complejidad en la tramitación, así como una elevada carga de trabajo que retrasa la solución de los asuntos.

En segundo lugar, respecto de la mayor satisfacción de las partes, al tratarse de un acuerdo entre ellas su índice de cumplimiento es elevado. Se reduce por tanto la litigiosidad, ya que lo normal es que, precisamente por el consenso existente, no se plantee recurso y que finalice la controversia. Al tratarse de una solución amistosa, consensuada, también beneficia el mantenimiento de las relaciones jurídicas entre las partes en el futuro. No debe obviarse en este punto la posibilidad de que exista una situación de superioridad de una de las partes respecto de la otra, en cuyo caso perdería el hecho de acudir al MASC la condición de beneficioso para las partes, o por lo menos para una de ellas.

4. ¿Cuál es el ámbito de aplicación de los MASC? ¿Cuándo no será posible acudir a ellos?

La regla general se contiene en el artículo 3.1 de la LO 1/2025, de 2 de enero, de modo que los medios adecuados de solución de controversias **son de aplicación a los asuntos civiles y mercantiles, incluidos los conflictos transfronteri-**

zos. En defecto de sometimiento expreso o tácito a lo previsto en el título II de la citada ley, también podrán aplicarse estos medios si se cumple lo siguiente:

- Al menos una de las partes tiene su domicilio en España.
- La actividad negociadora se realiza en territorio español.

CUESTIÓN

¿Qué se entiende por conflictos transfronterizos?

Se definen en el artículo 3 de la Ley 5/2012, de 6 de julio, de mediación en asuntos civiles y mercantiles, como aquellos conflictos en los que al menos una de las partes está domiciliada o reside habitualmente en un Estado distinto a aquel en que cualquiera de las otras partes a las que afecta estén domiciliadas cuando acuerden hacer uso de la mediación o sea obligatorio acudir a la misma de acuerdo con la ley aplicable. Asimismo, son conflictos transfronterizos aquellos previstos o resueltos por acuerdo de mediación, cualquiera que sea el lugar en el que se haya realizado, cuando, como consecuencia del traslado del domicilio de alguna de las partes, el pacto o algunas de sus consecuencias se pretendan ejecutar en el territorio de un Estado distinto.

Junto al criterio positivo de aplicación de los MASC, su regulación hace referencia a una serie de casos en que **no es posible acudir a dichos medios. ¿Cuáles son?**

- **Asuntos laborales y concursales**: en tanto en su normativa reguladora ya se prevén instrumentos en los que se materializan soluciones pactadas acomodadas a la naturaleza y peculiaridades de estas materias.

- **Asuntos penales**: aquí no rige el principio dispositivo, sin perjuicio del derecho de las víctimas a acceder a servicios de justicia restaurativa con la finalidad de obtener una adecuada reparación material y moral de los perjuicios derivados del delito cuando se cumplan los requisitos establecidos legalmente.

- **Asuntos de cualquier orden jurisdiccional en los que una de las partes sea una entidad perteneciente al sector público**: ello a la espera de la futura regulación de estos mismos medios adecuados de solución de controversias en el ámbito administrativo y en el orden jurisdiccional contencioso-administrativo, lo que requiere de un instrumento legislativo propio y diferenciado.

Asimismo, **tampoco** podrán someterse a un MASC, ni aun por derivación judicial, los **conflictos sobre materias indisponibles para las partes.** No obstante, sí será posible su aplicación en relación con los efectos y medidas de los artículos 102 y 103 del CC, sin perjuicio de la homologación judicial del acuerdo alcanzado.

Otra prohibición de aplicación de los MASC se refiere a los **conflictos civiles que versen sobre materia excluidas de la mediación en los términos del artículo 89.9 de la LOPJ** respecto de los **casos de violencia contra la mujer.**

Finalmente, y sin perjuicio del estudio más detallado en el punto correspondiente respecto del requisito de procedibilidad, el artículo 5 de la LO 1/2025, de 2 de enero, contempla, en sus apartados 2 —atendiendo a la materia— y 3 —atendiendo al procedimiento—, una serie de supuestos en los que **no es obligatorio acudir a los MASC como requisito de procedibilidad.**

En este punto han surgido dudas sobre los supuestos contemplados, planteándose lo siguiente. Tanto unos supuestos como los otros excluyen la obligatoriedad de acudir a un MASC como requisito previo para interponer la demanda. Entonces **¿esto significa que queda a voluntad de las partes poder acudir a un medio de este tipo en tales casos?** Es en relación con esta cuestión donde se han planteado dudas ya que, atendiendo al tenor literal de la ley, parece claro que las excepciones aluden a la obligación de acudir a MASC como requisito de procedibilidad para la admisión de la demanda lo que no impediría que, a pesar de no estar obligadas, las partes pudieran a acudir a un MASC si así lo deciden voluntariamente.

El problema que surge en relación con la conclusión anterior deriva de alguno de los casos contemplados en los que por la propia materia de que se trata parece excluir la opción de acudir a un MASC, tal es el caso, en opinión de algunos profesionales del derecho, de la **adopción de las medidas del artículo 158 del CC** o del ingreso de menores con problemas de conducta en centros de protección específicos, la entrada en domicilios y restantes lugares para la ejecución forzosa de medidas de protección de menores o la restitución o retorno de menores en los supuestos de sustracción internacional.

Las distintas opiniones al respecto entienden que el legislador no ha sido claro en este punto y que será la práctica la que permita dilucidar en el caso concreto y atendiendo a la lógica si se puede acudir o no al MASC.

5. ¿Puede una Administración pública ser parte en un MASC?

Para responder a esta pregunta cabe traer a colación lo previsto en el artículo 3.2 *in fine* de la LO 1/2025, de 2 de enero, en relación con la D.F. 31.ª de la misma norma. Así pues, se excluyen en todo caso de los MASC **aquellos asuntos, cualquiera que sea su naturaleza y con independencia del orden jurisdiccional ante el que hayan de ventilarse, en los que una de las partes sea una entidad perteneciente al sector público.**

Es decir, no puede una Administración pública ser parte en un MASC y ello, sin perjuicio, de lo previsto en la D.F. 31.ª de la LO 1/2025, de 2 de enero, conforme a la cual:

«El Gobierno debe elaborar y presentar a las Cortes Generales, en el plazo de dos años a partir de la entrada en vigor de la presente ley, un proyecto de ley que atienda, en el ámbito administrativo, a los medios de solución de controversias cuando una de las partes es la Administración. Esta iniciativa reconocerá las experiencias en mediación que, en los conflictos en que una de las partes es la Administración, se han desarrollado y se están desarrollando en las administraciones que cuentan con competencias en materia de Justicia».

6. ¿Se necesita asistencia letrada en un MASC?

Para acudir a un MASC **no es obligatoria, pero sí posible, la asistencia letrada.** No obstante, la regla general anterior, existe una **excepción:** será preceptiva la asistencia letrada cuando el MASC utilizado sea la **formulación de una oferta**

vinculante, salvo cuando la cuantía del asunto controvertido no supere los 2.000 euros o cuando una ley sectorial no exija la intervención del letrado/a para la realización o aceptación de la oferta.

Fuera del caso en que sea preceptiva **¿qué ocurre cuando alguna de las partes pretende asistirse de letrado/a en un MASC?** En este caso, debe hacerlo constar en el requerimiento o en el plazo de 3 días desde la recepción de la propuesta por la parte requerida. En ambos casos, debe comunicarse tal circunstancia a la otra parte para que pueda decidir valerse de asistencia letrada en el plazo de 3 días desde la recepción de la notificación.

7. ¿Qué ocurrirá en los casos de justicia gratuita?

La referencia a justicia gratuita se hace en el **artículo 11 de la LO 1/2025, de 2 de enero**: *«Cuando las partes acudan al proceso negociador asistidas por sus abogados o abogadas habrán de abonar los respectivos honorarios, salvo que se tenga derecho al beneficio de justicia gratuita».*

Asimismo, **se asegurará la existencia de mecanismos públicos para la solución de conflictos de acceso gratuito para las partes.**

Por su parte, el apdo. 11 del artículo 6 de la Ley de Justicia Gratuita, añadido por la **LO 1/2025, de 2 de enero**, establece que, la asistencia gratuita de profesional de la abogacía en cualquiera de los MASC permitidos por la ley que tenga por objeto dar cumplimiento al requisito de procedibilidad, cuando en el eventual proceso judicial **la intervención de este profesional sea legalmente preceptiva o cuando, no siéndolo, la parte contraria actúe con él, independientemente de la cuantía.**

Por último señalar que si las partes deciden optar por otros mecanismos en el caso de que intervenga una tercera persona neutral, sus honorarios profesionales serán objeto de acuerdo previo con las partes intervinientes y, si la parte invitada a participar en el proceso negociador no acepta la intervención de la tercera persona neutral propuesta unilateralmente por la otra parte, deberá esta abonar íntegramente, de haberlos, los honorarios devengados hasta ese momento por la tercera persona neutral.

8. ¿Pueden alcanzarse acuerdos parciales a través de los MASC?

La respuesta ha de ser afirmativa, pues a través de los MASC las partes pueden alcanzar tanto acuerdos totales como parciales (art. 4.1 de la LO 1/2025, de 2 de enero). Si el acuerdo es parcial, las partes podrán presentar demanda para ejercitar sus pretensiones respecto a los extremos de la controversia en los que se mantenga la discrepancia.

En la misma línea, el artículo 13 de la LO 1/2025, de 2 de enero, refiere la posibilidad de que el acuerdo alcanzado verse sobre una parte o sobre la totalidad de las materias sometidas a negociación y, añade que *«el acuerdo alcanzado será vinculante para las partes, que no podrán presentar demanda con igual objeto»*.

9. ¿Pueden realizarse los MASC de manera telemática?

Sí, y así lo dispone el **artículo 8 de la LO 1/2025, de 2 de enero**, por lo tanto, las partes podrán acordar que todas o alguna de las actuaciones de negociación en el marco de un MASC, se lleven a cabo por medios telemáticos, por videoconferencia u otro medio análogo de transmisión de la voz o la imagen.

Si bien, en caso de realizar el MASC de forma telemática siempre debe quedar garantizada la identidad de los intervinientes.

Además, cuando el **objeto de controversia sea una reclamación de cantidad que no exceda de 600 euros se desarrollará preferentemente por medios telemáticos**, salvo que el empleo de éstos no sea posible para alguna de las partes.

10. ¿Cuáles son los efectos de la apertura de un proceso de negociación?

De acuerdo con el **apdo. 1 del artículo 7 de la LO 1/2025, de 2 de enero**, la solicitud de una de las partes dirigida a la otra para iniciar un procedimiento de negociación a través de un MASC en la que se defina adecuadamente el objeto de la negociación, **interrumpirá la prescripción o suspenderá la caducidad de acciones desde la fecha en la que conste el intento de comunicación de dicha solicitud a la otra parte en el domicilio personal o lugar de trabajo que le conste a la persona solicitante, o bien a través del medio de comunicación electrónico empleado por las partes en sus relaciones previas. Por su parte, **la interrupción o la suspensión se prolongará hasta la fecha de la firma del acuerdo o de la terminación del proceso de negociación sin acuerdo.**

El cómputo de los plazos se reiniciará o reanudará respectivamente en el caso de que no se mantenga la primera reunión dirigida a alcanzar un acuerdo o no se obtenga respuesta por escrito en el plazo de treinta días naturales a contar desde la fecha de recepción de la solicitud de negociación por la parte a la que se dirige, o desde la fecha del intento de comunicación, si dicha recepción no se produce.

En el caso de que alguna propuesta concreta de acuerdo no tenga respuesta por la contraparte en el plazo de treinta días naturales desde la fecha de recepción, se reiniciará o reanudará respectivamente el cómputo de plazos.

11. ¿Qué ocurre cuando se inicia un proceso negociador, pero hay iniciadas unas medidas cautelares?

Para la adopción de medidas cautelares no es necesario acudir a un MASC, por lo tanto, el procedimiento negociador se puede iniciar en cualquier momento.

Otra cuestión es que se dicten medidas cautelares con carácter previo al procedimiento y estas se alcen o levanten. Dictado el auto que pone fin a la medida la ley prevé un plazo de 20 días para interponer la demanda, pero **¿qué sucede si, por la materia de que se trata, previamente a la demanda tengo que intentar el MASC?** En este caso, el MASC debe realizarse dentro de ese plazo de 20 días el cual se interrumpe para la interposición de la demanda. Terminado el MASC sin acuerdo, el plazo para interponer la demanda será el que reste de los 20 días previstos y no el plazo de un año previsto con carácter general.

Así, el **apdo. 3 del artículo 7 de la LO 1/2025, de 2 de enero,** señala al respecto:

«Si se hubieran acordado medidas cautelares durante la tramitación del proceso negociador, las partes deberán presentar la demanda ante el mismo tribunal que conoció de aquellas en los veinte días siguientes desde la terminación del proceso negociador sin acuerdo o desde la fecha en que deba entenderse finalizado el proceso de negociación sin acuerdo conforme a esta ley.

Si las medidas cautelares se hubieran acordado antes del inicio del proceso negociador, el plazo de veinte días para presentar la demanda se suspenderá y reanudará, respectivamente, en los términos previstos en el apartado 1».

De modo ejemplificativo, se pueden distinguir dos supuestos:

- **Solicitud de medidas cautelares durante el MASC:** hay un MASC en curso y, sin haber terminado este, se solicita una medida cautelar previa a la demanda. Finalizado el MASC sin acuerdo se dispone de un plazo de 20 días para presentar la demanda.

- **MASC posterior a la adopción de medidas cautelares:** se solicitan medidas cautelares previas a la demanda y, por tanto, comienza a contar el plazo de 20 días previsto legalmente para la interposición de la demanda. En el día 5 de este plazo se inicia un MASC quedando suspendido el plazo anterior mientras se tramita. Finalizado el MASC el plazo para interponer la demanda se reanuda, esto significa que habrá que presentar la demanda dentro de los 15 días siguientes.

12. ¿El incumplimiento del requisito de procedibilidad es subsanable? ¿Y la falta de acreditación del intento de negociación?

Si se presenta una demanda sin haberse intentado el MASC cuando este sea preceptivo como requisito de procedibilidad, aquella no podrá subsanarse ante este defecto si no que la misma será **inadmitida en tanto no cumpliría los requisitos exigidos en el artículo 399 de la LEC.** En este sentido, cabe traer a colación el artículo 403.2 de la LEC que tras la modificación llevada a cabo por la LO 1/2025, de 2 de enero, señala:

«**No se admitirán las demandas** cuando no se acompañen a ella los documentos que la ley expresamente exija para la admisión de aquellas, cuando **no se hagan constar las circunstancias a las que se refiere el segundo párrafo del apartado 3 del artículo 399 en los casos en que se haya acudido a un medio adecuado de solución de controversias por exigirlo la ley** como requisito de procedibilidad o cuando no se hayan efectuado los requerimientos, reclamaciones o consignaciones que se exijan en casos especiales».

Asimismo, en relación con lo anterior, el artículo 399.3 de la LEC establece en su párrafo segundo:

«Así mismo, se hará constar en la demanda la **descripción del proceso de negociación previo** llevado a cabo o **la imposibilidad del mismo**, conforme a lo establecido en el ordinal 4.º del artículo 264, y se manifestarán, en su caso, los **documentos que justifiquen que se ha acudido a un medio adecuado de solución de controversias**, salvo en los supuestos exceptuados en la Ley de este requisito de procedibilidad».

No obstante lo anterior, lo que **sí se viene admitiendo es la subsanación de la falta de acreditación del intento de negociación, así como de la terminación del MASC sin acuerdo** por no haberse aportado la documentación establecida al efecto o por no contener la que se presente todos los puntos exigidos.

3.
LA CONFIDENCIALIDAD EN LOS MASC

Los MASC y la confidencialidad

El artículo 9 de la LO 1/2025, de 2 de enero, recoge en relación con los MASC la **confidencialidad como principio esencial** aplicable a los mismos.

Nuestro ordenamiento jurídico, con carácter previo a dicha norma, ya contenía alusiones a la confidencialidad en distintos ámbitos siendo, por un lado, **un derecho de las partes en relación con una controversia** y, por otro lado, **un deber de los profesionales que en ella intervienen.** Así cabe citar las siguientes normas en relación con **la confidencialidad y el secreto profesional:**

- Artículo 16 de la Ley Orgánica 5/2024, de 11 de noviembre, del Derecho de Defensa.

- Artículo 23 del Real Decreto 135/2021, de 2 de marzo, por el que se aprueba el Estatuto General de la Abogacía Española, así como otros preceptos a lo largo de su articulado.

- Artículo 9 de la Ley 5/2012, de 6 de julio, de mediación en asuntos civiles y mercantiles, el cual ha sido modificado por la LO 1/2025, de 2 de enero, en vigor a partir del 3 de abril de 2025.

El objetivo de la confidencialidad prevista en la LO 1/2025, de 2 de enero, y en relación con el ulterior proceso, es **garan-**

tizar a las partes que los tribunales no conocerán lo actuado en el MASC, de modo que no podrán verse afectados o condicionados por lo que en él suceda. Es intrínseco a una negociación las cesiones y renuncias de las partes, es decir, a los efectos de llegar a un acuerdo es habitual que una parte ceda en alguno de sus derechos y la otra parte a su vez haga determinadas concesiones. Pues bien, con la confidencialidad lo que se pretende evitar es que, en caso de no alcanzarse un acuerdo en el MASC, las concesiones y renuncias a lo que la parte entiende que le corresponde en cada supuesto pueda perjudicarle ante los tribunales.

Lo anterior se traduce, por tanto, en una **mayor libertad de las partes a la hora de desarrollar el MASC y alcanzar un acuerdo que ponga fin a la controversia.**

Respecto de las dudas sobre la confidencialidad en los MASC, hay que señalar que derivan, fundamentalmente, del **choque de este principio con la posible utilización y valoración en los tribunales de lo actuado cuando no se llegue a un acuerdo,** es decir, ¿cómo puede lidiar la confidencialidad del MASC con la justificación del mismo ante los tribunales?, ¿qué se acredita ante ellos?, ¿el intento de negociación o los términos de la misma?, ¿a quién se extiende la confidencialidad?, ¿cuáles son las consecuencias de no respetar la confidencialidad? A todas estas dudas trataremos de dar respuesta en este tema.

13. ¿Es confidencial el MASC?

Como ya hemos dicho, una de las piedras angulares de los MASC es la confidencialidad que ha de regir los mismos. Así se reconoce, con carácter general, en el artículo 9 de la LO 1/2025, de 2 de enero, y, de forma concreta, respecto de la oferta vinculante en el artículo 17.3 de la misma norma.

El papel fundamental que adquiere el carácter confidencial en los MASC contribuye a conseguir la finalidad perseguida por ellos. **Los MASC nacen con el objetivo de fomentar la negociación entre las partes y así evitar acudir a los tribunales en determinados casos que son susceptibles de solucionarse mediante el diálogo.** Para que esto sea efectivo es necesario que las partes sean **libres en sus actuaciones y contribuye a esa libertad la confidencialidad. ¿Esto qué significa?** Pues que si las partes que intervienen en el MASC tienen la seguridad de que lo en él actuado no va a tener repercusión en el eventual proceso judicial en que haya de solventarse la controversia si no se llega a acuerdo, serán más libres de negociar, hacer concesiones, aceptar propuestas de la otra parte, en definitiva, de intentar llegar a una solución sin restricciones. Si, por el contrario, todo lo sucedido en el MASC pudiera llevarse a los tribunales en el eventual proceso al que se llegue, de modo que pudiera utilizarse para perjudicar a las partes esto supondría que la negociación no sería libre, sino con cautelas y orientada al éxito del ulterior proceso.

Por lo tanto, todo lo relacionado con la tramitación de un MASC está amparado por la confidencialidad, sin perjuicio de los problemas que surgen al tratar de determinar el alcance de aquella y qué aspectos se excluyen de ese carácter confidencial, lo que analizaremos en los siguientes puntos.

Para terminar, en la misma línea cabe destacar lo dicho al respecto por el Colegio Nacional de Letrados de la Administración de Justicia (CNLAJ) en su propuesta de unificación de criterios respecto de los MASC. Así, entiende que el enfoque dado a la confidencialidad en la **LO 1/2025, de 2 de enero**, protege la privacidad de las partes y fomenta un ambiente de confianza durante la negociación, de este modo se evita que las propuestas o concesiones realizadas sean utilizadas en contra de las partes posteriormente.

14. ¿Cuál es el ámbito subjetivo de la confidencialidad?

Si bien la confidencialidad respecto de profesionales como los/las mediadores/as o los/las profesionales de la abogacía ya se venía contemplando en la Ley 5/2012, de 6 de julio, de mediación en asuntos civiles y mercantiles o en el EGAE respectivamente, la LO 1/2025, de 2 de enero, ha extendido la exigencia de confidencialidad no solo a los profesionales intervinientes en el MASC sino también a las partes. Así establece el artículo 9.1, párrafo segundo, de la LO 1/2025, de 2 de enero:

«La obligación de confidencialidad se extiende **a las partes, a los abogados o abogadas intervinientes** y, en su caso, **a la tercera persona neutral que intervenga**, que quedarán sujetos al deber y derecho de secreto profesional, de modo que ninguno de ellos podrá revelar la información que hubieran podido obtener derivada del proceso de negociación».

15. ¿Cuál es el alcance objetivo de la confidencialidad?

Más dudas genera la delimitación del ámbito objetivo de la confidencialidad. El artículo 9 de la LO 1/2025, de 2 de enero, señala que **será confidencial tanto el proceso de negociación como la documentación utilizada, si bien se exceptúa la información relativa a si las partes acudieron o no al intento de negociación previa y al objeto de la controversia.**

De lo anterior se infiere, por tanto, que lo que se refiere al desarrollo de la negociación, concesiones, propuestas, objeciones, contraofertas, rechazo o aceptación por las partes, estaría cubierto por la confidencialidad.

Esto puede chocar con lo previsto respecto de la acreditación del acuerdo en el artículo 10 de la LO 1/2025, de 2 de enero, en el que tras exigirse que se recoja la actividad negociadora o su intento documentalmente, se concreta el contenido del documento que lo acredite. A la hora de redactar este documento debe tenerse presente la confidencialidad cuidando de no contener en él datos que pudieran vulnerar dicho principio. Concretamente el **contenido del documento acreditativo del MASC** comprende:

- Identidad de los intervinientes (partes, tercera persona neutral, profesionales...).
- Objeto de la controversia.
- Fecha del MASC y de la reunión o reuniones mantenidas, en su caso.
- Declaración de que las partes han intervenido de buena fe en el proceso.

En definitiva, **no podrá incluirse ningún dato de la negociación en sí,** si no meramente datos objetivos de la misma (cuándo tuvo lugar, qué personas intervinieron...). En esta línea, el acta de la junta de jueces de primera instancia de Logroño ha puesto de manifiesto la compatibilidad de la confidencialidad con la obligación de probar el contenido de la solicitud, propuesta inicial o invitación a negociar y la definición de su objeto, para acreditar ante el juez el inicio y el fracaso del intento de acuerdo.

16. ¿Puede levantarse la confidencialidad?

Sí, la propia LO 1/2025, de 2 de enero, contempla en su artículo 9.2 cuatro **supuestos en que se excepciona la obligación de confidencialidad.** Dicho precepto comienza diciendo *«En particular, las partes, los abogados o abogadas y la tercera persona neutral* **no podrán declarar o aportar documentación derivada del proceso de negociación o relacionada con el mismo ni ser obligados a ello** *en un procedimiento judicial o en un arbitraje (...)»,* y añade las excepciones siguientes:

- **Dispensa del deber de confidencialidad por las partes:** habrán de hacerlo expresamente y por escrito bien dispensándose recíprocamente, bien respecto al abogado/a o a la tercera persona neutral.

- **Impugnación de la tasación de costas e incidente de solicitud exoneración o moderación de las mismas** (art. 245.5 de la LEC): en este trámite la documentación relativa al MASC está dispensada de confidencialidad, pero solo en este momento procesal y a estos únicos fines. Es decir, no podrá utilizarse para otros fines ni en procesos posteriores.

- **Solicitud por jueces o juezas del orden jurisdiccional penal**: para exceptuar la confidencialidad en estos casos se requiere una resolución judicial motivada.

- **Razones de orden público**: se dispensa la confidencialidad cuando sea necesario por razones de orden público, con referencia expresa a la protección del interés superior del menor y a la prevención de daños a la integridad física o psicológica de una persona.

17. ¿Qué consecuencias tiene la infracción de la confidencialidad?

Salvo los casos en los que la confidencialidad está excepcionada, si alguna de las partes pretendiese **aportar como prueba en el proceso información confidencial esta será inadmitida** por los tribunales en virtud del artículo 283.3 de la LEC conforme al cual *«nunca se admitirá como prueba cual-*

quier actividad prohibida por la ley», es decir, dicha prueba será **considerada ilícita.**

Cuando se infrinja la confidencialidad, la información revelada o la documentación aportada se inadmitirá y se dispondrá que no sea incorporada al expediente. Esto se entiende sin perjuicio de la responsabilidad generada por dicha infracción.

18. ¿Cómo se relaciona la confidencialidad con el derecho a la prueba en el proceso?

Debido a la referencia que hace el artículo 9.1 de la LO 1/2025, de 2 de enero, a la confidencialidad de la documentación utilizada en el proceso de negociación han surgido dudas respecto de la afectación que esto puede tener en el derecho a la prueba como derecho fundamental relacionado con la tutela judicial efectiva. Se entiende que quedaría indefensa la parte si por el hecho de aportar un documento al MASC después no lo pudiese aportar en el eventual proceso en que derive la falta de acuerdo. Es decir, el derecho de prueba debería mantenerse intacto, debe ser el mismo antes del MASC y después de él independientemente de la confidencialidad.

Dicho esto, la posible utilización y aportación en el MASC de documentación con la única finalidad de que la misma no pueda utilizarse en el proceso posterior constituye un fraude procesal. En otras palabras, se trataría de una maniobra fraudulenta que chocaría con el objetivo de la confidencialidad orientada a la negociación de las partes y a la protección del derecho de defensa de las mismas.

4.
TIPOS DE MASC

Los MASC: tipos y características

La LO 1/2025, de 2 de enero, además de establecer como **requisito de procedibilidad necesario para la admisión de las demandas el hecho de acudir a un medio adecuado de solución de controversias,** también concreta **qué tipos de medios adecuados son válidos** para cumplir aquel requisito.

Antes de analizar cada uno de ellos es necesario señalar que el medio utilizado en cada caso **ha de ser el más adecuado atendiendo al asunto de que se trate.** En otras palabras, habrá de valorarse en cada caso cuál es el medio más idóneo para cumplir este requisito de procedibilidad entre los previstos en la propia norma y, con esta finalidad, son varios los criterios que han de tenerse en cuenta. Así cabe citar aspectos como la complejidad del asunto de que se trate, la voluntad de las partes de colaborar en la solución del conflicto, la relación que exista entre ellas y que puede afectar a dicha voluntad, la preferencia de las partes respecto de uno de los MASC, así como la solución del conflicto que se busca.

De los distintos MASC que permite la citada **LO 1/2025, de 2 de enero**, son dos los que han suscitado mayor interés en las distintas opiniones de los operadores jurídicos: la negociación directa entre las partes y la oferta vinculante confidencial. Se entiende mayoritariamente que van a ser los medios más utilizados si se atiende a la simplicidad y coste de los mismos, en comparación con otros medios.

19. ¿Qué MASC se consideran válidos a los efectos de cumplir el requisito de procedibilidad?

El artículo 5.1, en relación con el artículo 14, ambos de la LO 1/2025, de 2 de enero, hacen referencia a los siguientes MASC:

- Conciliación privada.
- Oferta vinculante confidencial.
- Opinión de persona experta independiente.
- Proceso de derecho colaborativo.
- Asimismo, se cumple el requisito de procedibilidad mediante la negociación directa entre las partes o entre sus abogados/as bajo sus directrices y con su conformidad.

La enumeración anterior no es exhaustiva toda vez que los citados preceptos dejan la puerta abierta a acudir a cualquier otro tipo de actividad negociadora o MASC reconocidos en otras leyes. Así cita expresamente:

- La mediación (Ley 5/2012, de 6 de julio, de mediación en asuntos civiles y mercantiles), reconocida expresamente como MASC a efectos de cumplir el requisito de procedibilidad.
- La conciliación notarial (Ley del Notariado de 28 de mayo de 1862).
- La conciliación registral (art. 103 bis de la Ley Hipotecaria).
- La conciliación ante LAJ o ante el juez o la jueza de paz (título IX de la Ley 15/2015, de 2 de julio, de jurisdicción voluntaria).

Para elegir entre alguno de los medios señalados habrán de tenerse en cuenta tres criterios: el tiempo para su tramitación, el coste del mismo y su adecuación al caso concreto.

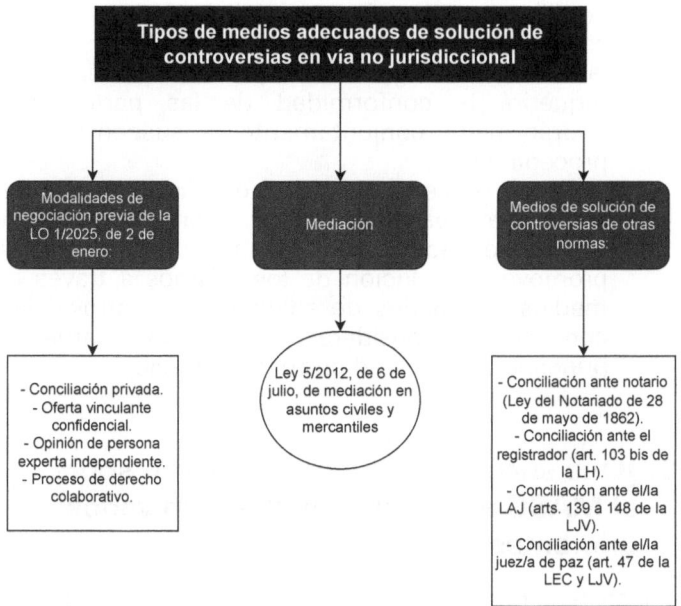

20. ¿Quién tiene la iniciativa para acudir a un MASC?

Conforme al artículo 5.4 de la LO 1/2025, de 2 de enero, la iniciativa para acudir a los MASC puede proceder de una de las partes o de ambas de común acuerdo. Si bien, también se admite la posible derivación de las partes a un MASC mediante decisión judicial o del/de la LAJ. Así se prevé en el nuevo apartado 5 del artículo 19 de la LEC cuando dice:

«En cualquier momento del procedimiento, el letrado o letrada de la Administración de Justicia o el juez, jueza o tribunal podrá plantear a las partes la posibilidad de derivar el litigio a mediación o a otro medio adecuado de solución de controversias, siempre que considere, mediante resolución motivada que podrá ser oral, que concurren circunstancias que posibilitan una solución del conflicto en dicho ámbito y, singularmente, en los casos en que no haya sido posible llevar a cabo la actividad negociadora previa. La derivación requerirá la conformidad de las partes, que podrán pedir conjuntamente la suspensión del procedimiento. En los procedimientos en que intervengan personas mayores, definidas en el artículo 7 bis, se valorará específicamente esta circunstancia para promover la solución de los mismos a través de medios adecuados de solución de controversias, con especial consideración a la salvaguarda del principio de igualdad entre las partes».

21. ¿Qué sucede si no existe acuerdo sobre el MASC a utilizar y se plantean varios diferentes?

En caso de que las partes que tienen la iniciativa para acudir a los MASC decidan plantear cada una de ellas esta vía, pero utilizando medios diferentes en tanto no existe acuerdo entre ellas sobre cuál MASC utilizar, se dará preferencia al medio adecuado de solución de controversias que se haya propuesto antes desde el punto de vista temporal.

A pesar de la claridad del criterio utilizado por la LO 1/2025, de 2 de enero, para resolver estos supuestos, existen opiniones sobre las dudas que puede generar el hecho de que el MASC resultante de dicho criterio no sea el más adecuado a la finalidad perseguida por este trámite, es decir, que la parte que se adelanta temporalmente con un MASC no utilice el medio más adecuado para la solución del conflicto.

Se critica el criterio del *prior tempore* en estos casos por la posibilidad de la utilización fraudulenta del MASC y la falta de previsión de la norma de una solución para estos casos. Como ejemplo puede aludirse al caso de un deudor que se anticipa en el planteamiento de un MASC al acreedor eligiendo a estos efectos una conciliación (normalmente más extensa su tramitación en el tiempo) o la opinión de experto independiente (puede suponer un elevado coste), cuando es evidente que en ese caso concreto es más adecuado acudir a una oferta vinculante confidencial. Se entiende que aplicando el citado criterio en este caso no se atiende realmente a la finalidad perseguida por la introducción de este requisito de procedibilidad.

22. ¿Será válida la cláusula contractual en la que se fije un MASC determinado para el caso concreto?

Atendiendo al principio dispositivo y la libertad contractual de las partes, la respuesta ha de ser afirmativa. Es decir, las partes que celebren un contrato determinado podrán incorporar a él una cláusula en la que determinen, para el caso de conflicto, el MASC al que acudir para cumplir el requisito de procedibilidad exigido previamente a la vía judicial. Dicha cláusula nacida de la libre voluntad contractual de las partes será válida y vinculará a aquellas. Si bien, respecto de lo anterior cabe exceptuar la cláusula de ese tipo contenida en los contratos celebrados con los consumidores pues puede no haber sido negociada por las partes de común acuerdo, en tanto en este tipo de contratos el consumidor acepta las condiciones que la otra parte le ofrece.

23. ¿Qué tipo de conciliación se considera MASC?

El artículo 15 de la LO 1/2025, de 2 de enero, hace referencia expresa como MASC a la nueva figura de la **conciliación privada**, que se diferencia fundamentalmente de la conciliación prevista antes de dicha norma en el hecho de que **la misma se desarrolla ante una persona experta en determinada materia** según el asunto de que se trate. En este sentido señala el citado precepto:

> «Toda persona física o jurídica que se proponga ejercitar las acciones legales que le corresponden en defensa de un derecho, puede requerir a una persona con conocimientos técnicos o jurídicos relacionados con la materia de que se trate, para que gestione una actividad negociadora tendente a alcanzar un acuerdo conciliatorio con la parte a la que se pretenda demandar».

Resulta interesante acudir a la conciliación privada como MASC en aquellos casos en que **el conflicto entre las partes presente una intensidad baja**, existiendo entre ellas una buena relación y una voluntad elevada de alcanzar un acuerdo que ponga fin a la controversia.

Respecto de la **persona conciliadora** señalar que tendrá las funciones enumeradas en el artículo 16 de la LO 1/2025, de 2 de enero, y que para actuar como tal se requiere:

- Estar inscrita como ejerciente en un colegio profesional reconocido legalmente o como persona mediadora.

- Imparcialidad y respeto a los deberes de confidencialidad y secreto profesional.

- Aceptar de forma expresamente documentada la responsabilidad de la gestión leal, objetiva, neutral e imparcial del encargo recibido.

> **A TENER EN CUENTA.** Cuando la persona conciliadora sea una sociedad profesional se estará a lo previsto en el artículo 15.2 letra c) de la LO 1/2025, de 2 de enero.

Entonces, **¿la previsión de la conciliación privada supone que, acudiendo a una conciliación registral, notarial, ante LAJ o ante juez/a de paz no se cumple el requisito de procedibilidad?** No, la propia LO 1/2025, de 2 de enero, permite acudir a otras actividades negociadoras previstas legalmente para cumplir dicho requisito y además de mencionar esas otras conciliaciones en el artículo 14, el párrafo segundo del artículo 5 comienza diciendo con carácter general, sin determinar qué tipo de conciliación es, que *«se considerará cumplido este requisito si se acude previamente a la mediación, a la conciliación o a la opinión neutral de una persona experta independiente, si se formula una oferta vinculante confidencial o si se emplea cualquier otro tipo de actividad negociadora (...)».*

Finalmente, la citada LO 1/2025, de 2 de enero, además de prever la conciliación privada, ha afectado a los otros tipos de conciliación. Así podemos destacar como novedades:

- **Conciliación ante juez o jueza de paz**: a pesar de que la LJV sigue haciendo referencia a la cantidad de 6.000 euros en relación con la competencia de los jueces y las juezas de paz en la conciliación, el artículo 47 de la LEC ha sido modificado por la LO 1/2025, de 2 de enero, señalando expresamente que les corresponde a los jueces y las juezas de paz conocer de los expedientes de conciliación civil de cuantía inferior a 10.000 euros conforme al título IX de la LJV.

- **Conciliación registral (art. 103 bis de la LH):** se dota de eficacia ejecutiva a la certificación del registrador en casos de conciliación remitiendo, en cuanto a la ejecución, a lo previsto para los títulos ejecutivos extrajudiciales.

24. ¿Existen diferencias entre la persona mediadora y la persona conciliadora de cara a la resolución del conflicto?

La mediación y conciliación son actos que se asemejan bastante en tanto en ambos una tercera persona neutral e imparcial trata de ayudar a las partes a alcanzar un acuerdo, si bien en ninguno de los dos casos tiene facultad decisoria sobre la cuestión. Pues bien, la diferencia entre la persona mediadora y la persona conciliadora radica, básicamente, en el hecho de que la primera no impone a las partes una solución, sino que simplemente facilita su comunicación en aras de alcanzar un acuerdo. Sin embargo, la persona conciliadora sí tiene la posibilidad de proponer a las partes soluciones, son ellas las que deciden, pero les ofrece una visión externa del conflicto y aporta soluciones alternativas al mismo.

25. ¿En qué consiste la oferta vinculante confidencial?

La oferta vinculante es el único medio adecuado de solución de controversias en el que no existe negociación como tal, pues la misma consiste en que una persona, con ánimo de solucionar una controversia, formula una oferta confidencial a la otra parte para que la acepte.

Se caracteriza este MASC por lo siguiente:

- Carácter confidencial reconocido expresamente en el artículo 17 de la LO 1/2025, de 2 de enero, y en su propia denominación.

- Tiene carácter vinculante para la parte que la formula que queda obligada a cumplirla una vez que la otra parte la acepte expresamente.

- Tanto la oferta como la aceptación han de remitirse de forma que se deje constancia de la identidad del oferente, de la recepción efectiva por la otra parte, de la fecha de la recepción y del contenido de la oferta.
- Se exige para este MASC la asistencia letrada, con dos excepciones:
  - La cuantía del asunto controvertido no supere los 2.000 euros.
  - Una ley sectorial no exija la intervención de letrado/a para la realización o aceptación de la oferta.

Se presenta este MASC como una herramienta práctica y flexible para la actividad negociadora que fomenta la agilidad del proceso asegurando que se pueda verificar el requisito de procedibilidad sin prolongar excesivamente este trámite. Este medio apunta a ser uno de los más utilizados en el ámbito de la protección de las personas consumidoras y en las reclamaciones dinerarias.

Finalmente, a pesar de lo expuesto, también cabe mencionar que existen opiniones —Junta de jueces de Barcelona— que consideran que este MASC no puede limitarse a la mera formulación de una oferta, sino que debe constar de forma clara y transparente la voluntad y actividad negociadora, pues, en caso contrario, entienden que carecería de contenido la exigencia de negociación previa establecida.

26. ¿Puede revocarse la oferta vinculante confidencial? ¿Y su aceptación es revocable?

La LO 1/2025, de 2 de enero, señala expresamente el **carácter irrevocable de la aceptación de la oferta vinculante confidencial**, esto se traduce en que la parte oferente queda vinculada por la oferta una vez que la parte receptora la acepta de forma expresa. Una vez **aceptada expresamente la oferta,** queda obligada la parte oferente a su cumplimiento de modo que podrá exigirse este judicialmente. En este punto resulta interesante recordar lo previsto en el artículo 13.2 de la LO 1/2025, de 2 de enero:

«Para que tenga valor de título ejecutivo el acuerdo habrá de ser elevado a escritura pública, o ser homologado judicialmente cuando proceda en los términos previstos en el artículo anterior, o bien constar en la certificación a que se refiere el artículo 103 bis de la Ley Hipotecaria si es consecuencia de una conciliación registral».

No obstante lo anterior, la ley no menciona nada sobre la revocabilidad o no de la oferta en sí, lo que lleva a pensar que será posible revocar aquella entre tanto no sea aceptada expresamente por la parte que la reciba y así lo han sostenido diferentes criterios interpretativos de esta materia.

27. ¿Cómo se acredita el cumplimiento del requisito de procedibilidad a través de la oferta vinculante confidencial?

Algunos criterios de partidos judiciales se han pronunciado sobre este punto —caso de Betanzos o Zamora— de modo que entienden que bastaría para acreditar este MASC con la presentación del justificante de envío y recepción.

En relación con esto, el propio **artículo 17.4 de la LO 1/2025, de 2 de enero,** se refiere al caso de que la oferta sea rechaza o no se acepte expresamente. Se fija un plazo de un mes para la validez de la oferta, sin perjuicio de otro plazo mayor que la parte requirente pueda establecer, transcurrido el plazo en cuestión la oferta decae quedando expedita la vía judicial y entendiéndose cumplido el requisito de procedibilidad.

Para el caso anterior, se declara suficiente que se acredite la remisión de la oferta a la otra parte por manifestación expresa en el escrito de demanda o en su contestación, a cuyo documento procesal se ha de acompañar el justificante de haber enviado la oferta y de la recepción de la misma, sin mención a su contenido cubierto por el carácter confidencial.

28. ¿En qué consiste la opinión de persona experta independiente?

Este MASC será útil en la práctica para resolver aquellas **controversias que versen sobre aspectos fundamentalmente técnicos.** Se regula en el artículo 18 de la LO 1/2025, de 2 de enero, y consiste en la posibilidad de que las partes, con la finalidad de resolver la controversia, designen de mutuo acuerdo a una persona experta independiente para que emita una opinión sobre la materia objeto de conflicto. A este efecto las partes facilitarán a aquella toda la información y pruebas de que dispongan sobre el objeto controvertido.

La opinión tendrá **carácter confidencial y no será vinculante**, si bien las partes podrán aceptar las conclusiones de la persona experta y poner fin a la controversia. Así, respecto del **dictamen** cabe destacar los siguientes aspectos:

- Puede recaer sobre **cuestiones jurídicas o sobre cualquier aspecto técnico** relacionado con la capacitación profesional del experto.

- Tendrá carácter **confidencial**, tanto si se emite antes como durante un proceso judicial.

- Emitido el dictamen o la opinión no vinculante, las partes tienen **10 días hábiles** desde que se les comunique para hacer **recomendaciones, observaciones o propuestas de mejora** con el fin de aceptar la opinión escrita propuesta por la persona experta.

- **Conclusiones** del dictamen:

  - Aceptadas por todas las partes, se formalizará el acuerdo conforme al artículo 12 de la LO 1/2025, de 2 de enero, el cual será vinculante para las partes (art. 13 de la LO 1/2025, de 2 de enero).

  - No se aceptan por alguna de las partes o por ninguna de ellas: la persona experta designada extenderá certificación de haberse intentado la vía negociadora sin acuerdo a los efectos de tener por cumplido el requisito de procedibilidad.

29. ¿Cuáles son los aspectos más destacados del proceso de derecho colaborativo como MASC?

Este tipo de MASC se regula en el artículo 19 de la LO 1/2025, de 2 de enero, y se caracteriza por tratarse de un medio adecuado de solución de controversias que parte de la negociación atendiendo a los intereses de las partes, de modo que se busca que todas ellas satisfagan sus necesidades. Resulta interesante este MASC en conflictos de familia, vecinales, sucesorios... en los que es importante la transparencia, la solución amistosa del conflicto, la no confrontación, así como la búsqueda de las soluciones más adecuadas y satisfactorias para las partes.

Así pues, las partes podrán acudir a este tipo de proceso por medio del cual *«acompañadas y asesoradas cada una de ellas por una o un profesional de la abogacía ejerciente y con colegiación en un Colegio de la Abogacía, acreditado en Derecho colaborativo, y con la intervención, en su caso, de terceras personas neutrales expertas en las diferentes materias sobre las que verse la controversia o facilitadoras de la comunicación, buscarán la solución consensuada, total o parcial, a su controversia».*

Como **principios esenciales** de este proceso destacan los siguientes:

- La buena fe.
- La negociación sobre intereses.
- La transparencia.
- La confidencialidad.
- El trabajo en equipo entre las partes, los/las abogados/as y las terceras personas expertas neutrales que participasen en el proceso.
- La renuncia a tribunales por parte de los/las profesionales de la abogacía que hayan intervenido en el proceso, si no se llega a una solución, total o parcial, de la controversia. Esto significa que los/las abogados/as intervinientes no podrán asesorar ni defender a sus clientes en un futuro proceso judicial.

Terminado el proceso colaborativo, los/las profesionales de la abogacía que hayan intervenido redactarán un **acta final** en la que constará: las partes y profesionales intervinientes, las sesiones celebradas, los acuerdos adoptados y las cuestiones sobre las que no se haya alcanzado acuerdo.

30. ¿Cómo se determina el MASC más adecuado en cada caso?

Son muchos los criterios a tener en cuenta a la hora de determinar en cada caso cuál es el medio de solución de controversias más adecuado, entre ellos, la complejidad del asunto, la voluntad de las partes para solucionar el conflicto, la relación que exista entre ellas y que puede afectar a dicha voluntad, la preferencia de las partes respecto de uno de los MASC, la solución del conflicto que se busca, la confidencialidad...

Así pues, atendiendo a los distintos criterios podemos extraer las siguientes conclusiones respecto del MASC más interesante en cada caso:

- Mediación: conflictos familiares o vecinales de intensidad baja donde las partes están interesadas en mantener buenas relaciones.

- Conciliación: incumplimientos contractuales que requieren una resolución rápida y ágil del conflicto, se tratará de asuntos sin demasiada complejidad.

- Negociación directa entre las partes: en asuntos sencillos en los que hay buena disposición entre las partes.

- Oferta vinculante confidencial: controversias en materia de protección de consumidores y reclamaciones dinerarias.

- Opinión de persona experta independiente: controversias que versen sobre aspectos fundamentalmente técnicos que requieran la intervención de una persona experta en determinada materia.

- Proceso de derecho colaborativo: especialmente interesante en materia de familia en que ambas partes tienen interés en resolver las discrepancias de forma amistosa y duradera en el tiempo.

5.
EL REQUISITO DE PROCEDIBILIDAD EN LOS MASC

El nuevo requisito de procedibilidad para la admisión de la demanda

Entre las finalidades de la LO 1/2025, de 2 de enero, se encuentra la de potenciar la vía negociadora para resolver las controversias sin necesidad de acudir a la vía jurisdiccional, de ahí la regulación de los medios adecuados de solución de controversias. Pues bien, en relación con ellos, la nueva norma establece determinados casos en que el hecho de acudir a un MASC actúa como requisito de procedibilidad de cara a la admisión de las demandas, así se infiere de la relación entre los artículos 399.3, párrafo segundo, y 403.2, ambos de la LEC.

Así, en relación con el ámbito general de aplicación del citado requisito de procedibilidad, el Colegio Nacional de Letrados de la Administración de Justicia (CNLAJ), en su propuesta de unificación de criterios, ha señalado:

«El requisito de procedibilidad de los MASC se extiende a los procesos declarativos regulados en el Libro II de la Ley de Enjuiciamiento Civil (LEC), que incluyen demandas de carácter ordinario y verbal, así como a los procesos especiales contemplados en el Libro IV, abarcando una amplia variedad de materias civiles como las relacionadas con el derecho de familia, la propiedad, los arrendamientos y los contratos en general. Este amplio espectro de aplicación refleja la intención del legislador de generalizar el uso de los MASC como un mecanismo transversal en el

orden civil, afectando tanto a conflictos de naturaleza patrimonial como a aquellos con implicaciones personales o familiares. La inclusión de estas áreas busca garantizar que **la mayoría de las controversias civiles pasen por un intento de resolución extrajudicial antes de judicializarse».**

Tal y como está planteado el requisito de procedibilidad en el artículo 5 de la LO 1/2025, de 2 de enero, y la amplitud de los casos en que el mismo es exigido, han surgido numerosas dudas a la hora de determinar su aplicación en la práctica, toda vez que en muchos procesos la exigencia de MASC parece que no cumple la finalidad perseguida: agilizar el proceso, evitar la vía judicial y potenciar la negociación y acuerdos de las partes para la resolución de conflictos. A continuación, analizaremos los distintos casos que se pueden ir planteando partiendo de lo previsto en el citado artículo 5 de la LO 1/2025, de 2 de enero.

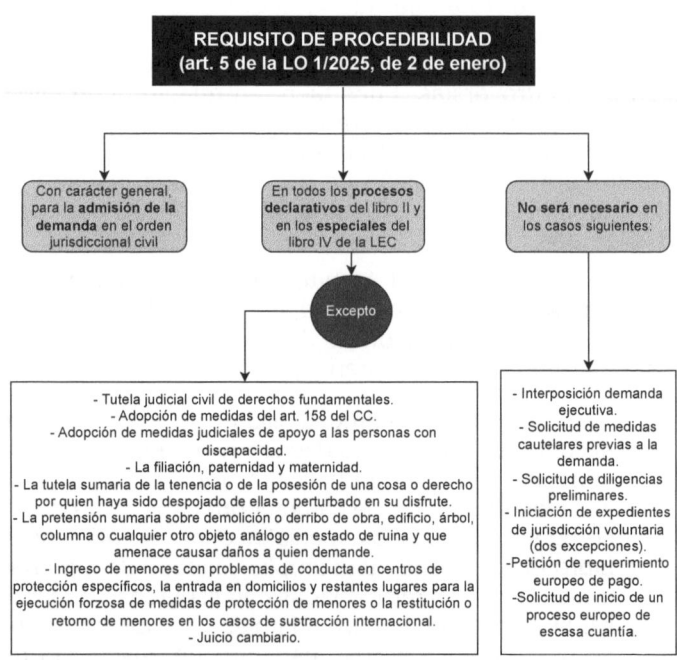

31. ¿Qué es el requisito de procedibilidad?

El requisito de procedibilidad contemplado en el artículo 5 de la LO 1/2025, de 2 de enero, se configura como un **trámite previo preceptivo para la admisión de las demandas**. En este sentido, señala el **artículo 399.3, párrafo segundo, de la LEC**:

«Así mismo, se hará constar en la demanda la **descripción del proceso de negociación previo llevado a cabo o la imposibilidad del mismo**, conforme a lo establecido en el ordinal 4.° del artículo 264, y se manifestarán, en su caso, los **documentos que justifiquen que se ha acudido a un medio adecuado de solución de controversias**, salvo en los supuestos exceptuados en la Ley de este requisito de procedibilidad».

En la misma línea, cabe citar el **artículo 264.4.° de la LEC** conforme al cual:

«Con la demanda o la contestación habrán de presentarse:

(...)

4.° **El documento que acredite haberse intentado la actividad negociadora previa a la vía judicial** cuando la ley exija dicho intento como requisito de procedibilidad, o **declaración responsable de la parte de la imposibilidad de llevar a cabo la actividad negociadora previa a la vía judicial** por desconocer el domicilio de la parte demandada o el medio por el que puede ser requerido».

Asimismo, concluye el **artículo 403.2 de la LEC**:

«**No se admitirán las demandas** cuando no se acompañen a ella los documentos que la ley expresamente exija para la admisión de aquellas, **cuando no se hagan constar las circunstancias a las que se refiere el segundo párrafo del apartado 3 del artículo 399 en los casos en que se haya acudido a un medio adecuado de solución de controversias por exigirlo la ley como requisito de procedibilidad** o cuando no se hayan efectuado los requerimientos, reclamaciones o consignaciones que se exijan en casos especiales».

32. ¿Es obligatorio acudir a un MASC en el orden civil?

La respuesta ha de ser afirmativa. Con la entrada en vigor de la LO 1/2025, de 2 de enero, la **exigencia de MASC para interponer demandas en el orden jurisdiccional civil** se ha convertido en un **trámite obligatorio** cuya omisión supone la inadmisibilidad de aquellas.

Así pues, la **necesidad de acudir a un MASC constituye requisito de procedibilidad y es preceptiva** en los casos siguientes:

- **Regla general:** en el orden jurisdiccional civil para la admisión de la demanda.

- **Regla especial:** en todos los procesos declarativos del libro II y en los especiales del libro IV de la LEC.

Lo anterior se entiende sin perjuicio de las dudas surgidas respecto de algunos de los casos incluidos y de las excepciones al requisito de procedibilidad previstas en la ley, lo cual se examinará más detalladamente en los puntos siguientes.

Entonces ¿**desde cuándo debe cumplirse con el requisito de procedibilidad?** Para responder a esta pregunta hay que traer a colación lo previsto en la **D.T. 9.ª de la LO 1/2025, de 2 de enero**, apartados 1 y 2:

«1. Las previsiones recogidas por la presente ley serán aplicables exclusivamente a los **procedimientos incoados con posterioridad a su entrada en vigor.**
2. En los **procedimientos judiciales en curso** a la entrada en vigor de esta ley, las **partes de común acuerdo se podrán someter a cualquier medio adecuado de solución de controversias,** de conformidad con lo dispuesto en la Ley 1/2000, de 7 de enero, de Enjuiciamiento Civil».

Si bien, lo anterior no ha evitado en la práctica la inadmisión de una demanda por falta de MASC a pesar de su presentación previa al 3 de abril de 2025, tal es el caso reflejado en el **auto de la Audiencia Provincial de Valencia n.º 299/2025, de 28 de mayo, ECLI:ES:APV:2025:397A.** En él la parte demandante presenta su demanda el 2 de abril de

2025, día antes de la entrada en vigor de la ley orgánica citada, si bien la misma fue registrada en los juzgados y repartida el 4 de abril, de modo que, con base a esta segunda fecha se dicta auto inadmitiendo la demanda por no constar acreditado el requisito de procedibilidad de acudir a un MASC. Este auto es recurrido en apelación alegando la inaplicación de la **LO 1/2025, de 2 de enero**, a la demanda en cuestión, pues dicha ley no había entrada en vigor al tiempo de la presentación de la demanda.

Así pues, la Audiencia estima el recurso planteado revocando la inadmisión de la demanda al señalar:

«(...) la reunión de Presidentes/as de las Secciones Civiles de la Audiencia Provincial de Valencia de 21 de mayo de 2025 en la que, al abordar la interpretación del artículo 5 del Capítulo I, Título II, de la LO 1/2025, de 2 de enero, a partir de su entrada en vigor el día 3 de abril de 2025, (...) consideran que **el momento para hacer valer dicha exigencia procesal, por razones elementales de seguridad jurídica, es el de presentación de la demanda, fecha taxativa, no el de incoación posterior del procedimiento** de fecha dependiente de la capacidad de la Secretaría para su atención. Criterios y consideraciones que son **aplicables al caso que se somete a decisión** hoy de la sala pues, presentada la demanda el 2 de abril de 2025, antes de la entrada en vigor de LO 1/2025, de 2 de enero de acuerdo con la disposición transitoria novena y la disposición final trigésimo octava de la norma, que entraba en vigor el 3 de abril de 2025, no le eran de aplicación las modificaciones introducidas en la misma y la demanda de la recurrente debió ser admitida al cumplir los requisitos procesales exigibles en el momento de su presentación».

33. ¿Existen excepciones al requisito de procedibilidad?

Sí, el propio artículo 5 de la LO 1/2025, de 2 de enero, apartados 2 y 3, hace referencia expresa a las excepciones del requisito de procedibilidad.

Por un lado, se exceptúa el MASC como requisito de procedibilidad en los **procesos que versen sobre** las siguientes materias:

- La tutela judicial civil de derechos fundamentales.
- La adopción de las medidas previstas en el artículo 158 del CC.
- La adopción de medidas judiciales de apoyo a las personas con discapacidad.
- La filiación, paternidad y maternidad.
- La tutela sumaria de la tenencia o de la posesión de una cosa o derecho por quien haya sido despojado de ellas o perturbado en su disfrute.
- La pretensión de que el tribunal resuelva, con carácter sumario, la demolición o derribo de obra, edificio, árbol, columna o cualquier otro objeto análogo en estado de ruina y que amenace causar daños a quien demande.
- El ingreso de menores con problemas de conducta en centros de protección específicos, la entrada en domicilios y restantes lugares para la ejecución forzosa de medidas de protección de menores o la restitución o retorno de menores en los supuestos de sustracción internacional.
- El juicio cambiario.

A TENER EN CUENTA. También será necesario acudir a un MASC para los expedientes de intervención judicial en los casos de desacuerdo conyugal y en la administración de bienes gananciales (art. 90 de la LJV), así como de los de intervención judicial en caso de desacuerdo en el ejercicio de la patria potestad (art. 86 de la LJV).

Por otro lado, **tampoco será necesario acudir a un MASC** en los casos siguientes:

- Interposición de una demanda ejecutiva.
- Solicitud de medidas cautelares previas a la demanda.

- Solicitud de diligencias preliminares.

- Iniciación de expedientes de jurisdicción voluntaria, salvo los expedientes de intervención judicial en los casos de desacuerdo conyugal y en la administración de bienes gananciales, así como de los de intervención judicial en caso de desacuerdo en el ejercicio de la patria potestad.

- Presentar la petición de requerimiento europeo de pago conforme al Reglamento (CE) n.º 1896/2006 del Parlamento Europeo y del Consejo, de 12 de diciembre de 2006, por el que se establece un proceso monitorio europeo.

- Solicitar el inicio de un proceso europeo de escasa cuantía, conforme al Reglamento (CE) n.º 861/2007 del Parlamento Europeo y del Consejo, de 11 de julio de 2007, por el que se establece un proceso europeo de escasa cuantía.

Para completar lo previsto en el citado precepto cabe traer a colación lo previsto en los artículos 3 y 4 de la LO 1/2025, de 2 de enero, concretamente las exclusiones derivadas de ellos que suponen que **no se podrá acudir a un MASC, ni voluntaria ni obligatoriamente**:

- En materia laboral, penal y concursal.

- En cualquier asunto en que una de las partes sea entidad perteneciente al sector público.

- En conflictos sobre materias indisponibles para las partes, con excepción de los relativos a los efectos y medidas de los artículos 102 y 103 del CC.

- En conflictos de carácter civil que versen sobre materias excluidas de mediación que versen sobre violencia sobre la mujer.

- Asimismo, se excluye la posibilidad de convenir o transigir a través de los MASC en asuntos en que lo acordado pueda ser contrario a la ley, a la buena fe o al orden público.

34. ¿Cuándo se entiende cumplido el requisito de procedibilidad?

Para entender cumplido el citado requisito, se exige que exista **identidad entre el objeto de la negociación y el objeto del litigio.** Asimismo, se entiende cumplido:

- Si se acude previamente a la mediación, a la conciliación o a la opinión neutral de una persona experta independiente.
- Si se formula una oferta vinculante confidencial.
- Si se emplea cualquier otro tipo de actividad negociadora reconocida en las leyes.
- Cuando la actividad negociadora se desarrolle:
  – Directamente por las partes.
  – Entre sus abogados/as bajo sus directrices y con su conformidad.
- En los casos en que las partes hayan recurrido a un proceso de derecho colaborativo.

35. ¿Pueden ser diferentes las pretensiones en el MASC y en el ulterior proceso judicial?

La regla general para dar cumplimiento al requisito de procedibilidad relativo a los MASC es la exigencia de **identidad entre el objeto de la negociación y el objeto del litigio,** si bien esto se entiende sin perjuicio de que las pretensiones que puedan ejercitarse en la correspondiente vía judicial sobre ese objeto puedan variar. Lo anterior admite la **posibilidad de variaciones entre las pretensiones del MASC y las del eventual proceso judicial** que se siga.

En relación con lo anterior, la Junta de jueces de Barcelona, en sus criterios unificadores, ha señalado que para apreciar la identidad entre el objeto de la negociación y el del litigio debe acudirse principalmente a los hechos que integran uno y otro, toda vez que el propio **artículo 5.1 de la LO 1/2025, de 2 de enero,** alude a la posibilidad de que las pretensiones en vía judicial puedan variar y por ello deberá atenderse a los hechos que fundamenten estas acciones ante la autoridad judicial.

Las dudas en este punto han surgido de la frecuencia de la acumulación en sus distintas versiones en los procesos judiciales españoles. Así pues ¿qué sucede con los casos siguientes?

- **Acumulación objetiva de acciones: ¿tiene el MASC que abarcar todo el objeto del conflicto?** La ley admite la variación de las pretensiones que podría resolver este supuesto concreto.

- **Reconvención:** han sido varios los criterios que han excluido el MASC en estos casos, fundamentalmente por razones de economía procesal, el proceso ya está abierto e imponer el MASC solo contribuiría a retrasos en la resolución. Otro motivo para negar en estos casos la exigencia de MASC son los plazos previstos en la LEC respecto de la reconvención, la brevedad de los mismos hace imposible acudir a un MASC. No obstante, a pesar de no exigirse como requisito de procedibilidad, lo que no se descarta es una derivación judicial al MASC ante la reconvención planteada.

- **Litisconsorcio pasivo necesario:** en el mismo sentido se han pronunciado los distintos criterios respecto del litisconsorcio pasivo necesario, no exigiéndose MASC frente a todos los litisconsortes.

- **Intervención, tanto voluntaria como provocada:** en este caso también se niega la exigencia de MASC como sostiene el ICA de Gijón o la Junta de jueces de Santiago de Compostela.

36. En el caso de un tercero que compra un crédito ¿puede beneficiarse del MASC realizado por el primer acreedor?

La opinión generalizada es que en los casos de sucesión procesal no se exige MASC del mismo modo que tampoco se exige para la intervención o el litisconsorcio pasivo necesario. Es decir, si la sucesión se produce en el transcurso del proceso ya abierto no tendría sentido volver atrás para exigir MASC respecto del sucesor.

Caso diferente sería el del acreedor que ha celebrado un MASC con su deudor, llegando a acuerdo o no, pero sin que haya comenzado el proceso judicial, y decide vender su crédito a una tercera persona. Hay opiniones que se plantean si en este caso dicha tercera persona puede beneficiarse del MASC celebrado por el primer acreedor. La respuesta que dan es negativa toda vez que se entiende que la negociación y el acuerdo que se alcance debe ser personal, lo que supone que no podría quedar vinculada la persona que adquiere el crédito por lo pactado por la que lo transmite, si no es esa su voluntad. Como aún no se ha acudido a la vía judicial por lo que podrá hacer un MASC con el deudor con su propia negociación y acuerdo.

37. ¿Cómo se cumple el requisito de procedibilidad cuando la otra parte está ilocalizable?

El cumplimiento del requisito de procedibilidad se traduce en hacer constar en la demanda la descripción del proceso de negociación llevado a cabo o, en su caso, la imposibilidad de dicho proceso. A estos efectos se alude al artículo 264.4.º de la LEC que en su nueva redacción prevé expresamente dicho caso, de modo que la imposibilidad de MASC debe acreditarse en la demanda acompañando a la misma, como dice literalmente, *«declaración responsable de la parte de la imposibilidad de llevar a cabo la actividad negociadora previa a la vía judicial por* **desconocer el domicilio de la parte demandada o el medio por el que puede ser requerido»**.

Han sido varios los criterios unificadores de la interpretación de la reforma llevada a cabo por la **LO 1/2025, de 2 de enero**, que se han pronunciado sobre este punto. Resulta interesante señalar **qué sucedería con el caso de que se acredite el intento de MASC mediante la citada declaración responsable y después de admitida la demanda se conozca el domicilio de la parte a la que se dirigió el MASC**. La consideración de esa declaración responsable como fraudulenta, si bien, es difícil de detectar antes de la admisión de la demanda, sí tendría efectos sobre las costas.

En relación con el posible uso fraudulento de la declaración responsable hay que destacar lo sostenido, entre otros criterios, por los jueces de familia de Madrid. Así, para el caso de que se acredite en el proceso judicial la inexactitud de lo alegado en la declaración responsable se aplicará lo previsto para los supuestos de conculcación de las reglas de la buena fe o de concurrencia de abuso del servicio público de justicia. Aconsejan en este caso, aunque no sea preceptivo, que en el decreto de admisión a trámite de la demanda se advierta a la parte actora de las consecuencias perjudiciales que podría depararle dicha inexactitud.

En definitiva, entienden que la parte actora que, desconociendo el domicilio de la demandada, no despliegue la mínima diligencia probatoria exigible para su conocimiento podrá ser considerada incursa en mala fe y/o en abuso del servicio público de justicia. En parecido sentido se pronuncia la Junta de Jueces de Primera Instancia de Logroño.

Las distintas opiniones existentes al respecto coinciden en exigir, de uno u otro modo, que la declaración responsable permita constatar el intento de negociación, la causa del incumplimiento del requisito, la mínima diligencia probatoria llevada a cabo para la localización de la otra parte, en definitiva, que no se ha acudido a la declaración responsable alegando que la otra parte está ilocalizable con la única finalidad de salvar el requisito de procedibilidad e iniciar el proceso judicial sin negociación previa, haciendo un uso abusivo de la excepción prevista.

38. ¿Es necesario MASC en un proceso monitorio? ¿Y en el juicio ordinario o verbal en que se transforma tras la oposición?

La LO 1/2025, de 2 de enero, establece, como ya hemos visto, una serie de exclusiones de la exigencia de MASC, y entre ellas no se encuentra el proceso monitorio, por lo tanto, se ha venido entendiendo que sí se exige MASC previo como requisito de procedibilidad en los procesos monitorios. A esta conclusión se llega a pesar de las distintas opiniones discrepantes que sostienen que la agilidad de este tipo de procesos se va a ver mermada por la exigencia de este requisito.

Entonces, entendiendo que es necesario MASC para los procesos monitorios ¿qué sucede cuando se da oposición en ellos? ¿Se necesita MASC en el juicio declarativo en el que se transforma? La respuesta de los distintos operadores jurídicos a estas cuestiones está consensuada, de modo que, entendiendo que ya está en marcha el proceso y se ha intentado el MASC en el proceso monitorio, se excluye esta exigencia en el juicio ordinario o verbal en el que se transforme.

Caso diferente es el del proceso monitorio europeo y el del proceso europeo de escasa cuantía en los que está expresamente excluido el requisito de procedibilidad de los MASC por el propio artículo 5.3 de la LO 1/2025, de 2 de enero. En relación con esto cabe mencionar el uso fraudulento que de estos procesos comienza a hacerse con la finalidad de evitar acudir al MASC que sí exige el proceso monitorio de la LEC. La utilización de un proceso monitorio europeo para reclamar una cantidad, aun cuando no se den las circunstancias exigidas para ello y con la única finalidad de eludir el MASC, se considera fraude de ley y por este motivo debe ser inadmitido.

39. ¿Será necesario el MASC en las demandas en las que se pretenda cumplir un acuerdo alcanzado en un MASC privado?

La duda surge aquí cuando celebrado un MASC las partes alcanzan un acuerdo pero el mismo no llega a cumplirse, entonces ¿será necesario MASC para exigir su cumplimiento? Para responder a esta cuestión resulta interesante lo recogido por el LAJ Adrián Gómez Linacero en su propuesta de unificación de criterios del requisito de procedibilidad de los MASC. Señala que para exigir la efectividad del acuerdo alcanzado puede acudirse a dos vías:

- Por un lado, a través de una demanda ejecutiva cuando el acuerdo tenga la condición de título no judicial al amparo de lo previsto en el artículo 12 de la LO 1/2025, de 2 de enero.

- Por otro lado, a través de un juicio declarativo exigiendo el cumplimiento contractual en base al artículo 1124 del CC.

En ambos casos, se considera innecesario acudir a un MASC, en el primero por excluirlo expresamente la ley para el caso de demandas ejecutivas, y en el segundo por entenderse ya cumplido este trámite con el MASC cuyo acuerdo se incumple, debiendo indicarse este extremo en la demanda, concretamente, en la descripción prevista en el artículo 399.3 de la LEC.

La misma opinión sostiene la Junta de jueces de Santiago de Compostela respecto de la no exigencia de MASC en estos casos.

40. ¿Qué sucede con el caso de las diligencias de comprobación previstas en las leyes reguladoras de marcas y patentes? ¿Se exige MASC?

Partiendo de la exclusión de MASC en la solicitud de diligencias preliminares recogida en el **artículo 5.3 de la LO 1/2025, de 2 de enero**, plantea dudas, en algunos sectores, el caso de las diligencias de comprobación previstas en los artículos 123 a 126 de la Ley 24/2015, de 24 de julio, de Patentes, y aplicables a las modalidades de signos distintivos previstos en la Ley 17/2001, de 7 de diciembre, de Marcas, por remisión de su D.A. 1.ª.

Pues bien, el propio artículo 123 de la Ley 24/2015, de 24 de julio, de Patentes les reconoce carácter urgente. Asimismo, las mismas suelen suponer una mayor injerencia en derechos fundamentales que las diligencias preliminares, por lo que a pesar de no excluirse el MASC expresamente en estos casos, se entiende que no es necesario cumplir dicho requisito de procedibilidad.

41. En materia de tráfico ¿la reclamación previa del artículo 7 de la LRCSCVM equivale a un MASC?

La respuesta en este punto ha sido unánime entre las opiniones emitidas por los distintos operadores jurídicos. Así, entendían que **la reclamación previa de la indemnización prevista en el artículo 7 de la LRCSCVM en materia de tráfico y dirigida a la aseguradora tenía la consideración de MASC** a los efectos de cumplir con el requisito de procedibilidad.

En relación con esto, las opiniones en este punto hacían referencia al establecimiento del **plazo de un año** para que se utilizara dicha reclamación previa con la finalidad de cumplir el requisito de procedibilidad, es decir, si en dicho plazo **no se presentaba demanda, la reclamación previa perdería su consideración de MASC. ¿Qué sucedería en estos casos**

con la demanda? Pues para que la misma sea admitida y se entienda cumplido el requisito de procedibilidad, en opinión de los operadores jurídicos, había de llevarse a cabo una nueva reclamación previa o bien acudir a cualquiera de los MASC previstos legalmente a tal efecto.

Asimismo, las opiniones emitidas precisaban que lo anterior se entendía respecto de la aseguradora a la que se dirigía la reclamación previa, pero **¿y si la demanda se quiere dirigir también contra el conductor, el propietario o el asegurado?** En estos casos, entendían que era necesario acreditar haber acudido a un MASC respecto de cada uno de ellos.

Pues bien, siendo la expuesta la opinión de los distintos operadores jurídicos, cabe completarla con lo dicho por el legislador a través de la **modificación de los artículos 7 y 14 de la LRCSCVM por la Ley 5/2025, de 24 de julio,** cuya entrada en vigor se produce el 26 de julio de 2025. Esta norma introduce **modificaciones en el procedimiento de oferta y respuesta motivada del artículo 7 de la LRCSCVM** en aras de **incrementar la resolución extrajudicial de las solicitudes de indemnización** derivadas de los accidentes de circulación y conseguir una mejor protección de las víctimas de esos accidentes.

Así como **novedades** en este punto, cabe citar, entre otras:

- Se introduce el **deber de comunicar la denuncia penal** y se le atribuye a esta comunicación el valor de reclamación previa, así señala el artículo 7.1 de la **LRCSCVM** en su párrafo cuarto: *«La comunicación por parte del perjudicado también deberá producirse cuando se inicie un procedimiento penal a instancia de este y se equiparará a la reclamación extrajudicial prevista en el párrafo anterior».* Se excluyen de la exigencia de reclamación extrajudicial los casos de procedimientos iniciados de oficio.

- Se **excluye la necesidad de cuantificación de la reclamación extrajudicial** aun en el caso de que el reclamante disponga de todos los elementos necesarios para calcularla y cuantificarla.

- Se mantiene la **interrupción del plazo de prescripción** desde el momento en que se presente al asegurador obligado a satisfacer el importe de los daños sufridos al perjudicado, si bien ahora se refiere a la reclamación, comunicación o notificación que al efecto se lleve a cabo. No obstante, se añade un nuevo plazo de prescripción al señalar que *«En el momento en el que se notifique fehacientemente la oferta o la respuesta motivada se iniciará un **nuevo plazo de prescripción de un año»***.

- El **reconocimiento del lesionado** tras la solicitud a los Institutos de Medicina Legal y Ciencias Forenses deberá hacerse en el plazo de 3 meses.

- El artículo 7 de la **LRCSCVM,** en su nuevo apartado 9, prevé la posibilidad de que se precise **reglamentariamente el contenido de la oferta motivada y de la respuesta motivada.**

No obviando las novedades anteriores, por lo que alude a los MASC, la **Ley 5/2025, de 24 de julio,** introduce referencias expresas a los mismos, separándolos de la oferta y de la respuesta motivada. No obstante, a efectos de **admisión de la demanda** se continúa exigiendo en los casos de accidentes de circulación que se acompañen a aquella los documentos que acrediten la oferta o respuesta motivada, así señala el artículo 7.8, párrafo segundo, de la **LRCSCVM:**

> **«No se admitirán a trámite,** de conformidad con el artículo 403 de la Ley 1/2000, de 7 de enero, de Enjuiciamiento Civil, **las demandas en las que no se acompañen los documentos que acrediten la oferta o respuesta motivada,** si se hubiese emitido por el asegurador **o, en caso de no haberse emitido, la reclamación previa al asegurador,** que no requerirá cuantificación».

Presentada la oferta o la respuesta motivada, en caso de disconformidad, o si transcurre el plazo para que sea emitida, se siguen concediendo al perjudicado **dos posibilidades,** por un lado, **acudir a un MASC** para intentar solventar la controversia—se sustituye la anterior referencia al procedimiento de mediación del artículo 7.8, párrafo primero, de la LRCSCVM— o, por otro lado, **acudir a la vía jurisdiccional oportuna** para reclamar los daños y perjuicios correspondientes.

A estos efectos, y para terminar, habrá que tener en cuenta lo previsto en el artículo 14 de la **LRCSCVM** tras la modificación operada por la **Ley 5/2025, de 24 de julio,** que queda redactado en los términos siguientes:

«Artículo 14. Medios de solución de controversias en vía no jurisdiccional en los casos de disconformidad con la oferta o respuesta motivada. 1. En caso de disconformidad con la oferta o la respuesta motivada y, en general, en los supuestos de controversia, las partes podrán acudir a todo medio adecuado de solución de controversias en vía no jurisdiccional. 2. A tal efecto, cualquiera de las partes podrá solicitar el inicio de un medio adecuado de solución de controversias en vía no jurisdiccional, desde el momento en que el perjudicado hubiera recibido la oferta o la respuesta motivada o los informes periciales complementarios si se hubieran pedido. 3. Podrán intervenir en estos medios adecuados de solución profesionales especializados en responsabilidad civil en el ámbito de la circulación y en el sistema de valoración previsto en esta ley, que cuenten con la formación específica en este ámbito».

42. ¿La reclamación previa del artículo 7 de la LRCSCVM debe cumplir con la confidencialidad propia de los MASC?

Las opiniones existentes sobre esta cuestión se han manifestado negando la confidencialidad en este trámite, bien por no ser uno de los MASC previstos en la **LO 1/2025, de 2 de enero**, bien por el propio trámite de la reclamación que exige conocer en el proceso judicial de los extremos en ella tratados (oferta motivada, motivos del rechazo de la oferta). El propio artículo 7 de la LRCSCVM obliga a prescindir de la confidencialidad al exigir que se aporte numerosa documentación y se deje constancia de la oferta que se haga, el rechazo de la misma y los motivos de este, en su caso. Todo ello deberá después introducirse en el proceso judicial ulterior.

43. ¿Se exige MASC en materia de seguros?

Con carácter general en materia de seguros, al no ser esta una de las exclusiones previstas en la **LO 1/2025, de 2 de enero**, se exige MASC como requisito de procedibilidad.

Un supuesto curioso al que referirse en esta materia en el que se entiende intentado el MASC a efectos del requisito de procedibilidad a pesar de no existir negociación es el siguiente. Planteada una reclamación ante una aseguradora —caso de daños en el hogar, por ejemplo—, se intenta el MASC a través del medio que se considere más adecuado, como respuesta la aseguradora niega la existencia del siniestro o entiende que el daño no entra dentro de la cobertura del seguro, es decir, no llega a negociar nada porque entiende que no es responsable.

Pues bien, en un caso así, se entiende cumplido el requisito de procedibilidad a los efectos de interponer la demanda posterior y, a su vez, se entiende que la aseguradora rechaza el MASC con justa causa, lo que tiene relevancia a efectos de imposición de costas en el proceso judicial.

44. ¿En el caso de un desahucio por ocupación en precario y tutela sumaria de la posesión es necesario MASC?

Respecto de esta cuestión existen posturas contradictorias. Se trata de demandas contra ignorados ocupantes en las que el Decanato de Las Palmas de Gran Canaria ha defendido que, al no existir norma expresa que lo excluya, se aplica la regla general de exigir MASC en este tipo de demandas.

No obstante, la opinión mayoritaria en este punto es **excluir estos supuestos de la exigencia del requisito de procedibilidad** de los MASC. Así lo sostienen otros criterios alegando la imposibilidad práctica de identificar o localizar a los ignorados ocupantes como por ejemplo los del partido judicial de Betanzos, CNLAJ o CGAE.

45. ¿Se exige MASC en el ámbito del derecho mercantil?

El **artículo 3 de la LO 1/2025, de 2 de enero,** declara la aplicación de los MASC tanto en asuntos civiles como mercantiles, no disponiendo otra cosa parece claro que la regla general es exigir MASC en el ámbito del derecho mercantil. Si bien la propia ley sí menciona algunas **materias mercan-**

tiles como excluidas del requisito de procedibilidad de los MASC, a tal efecto, cabe citar las siguientes:

- Materia concursal (art. 3.2 de la LO 1/2025, de 2 de enero).
- Juicio cambiario [art. 5.2 letra h) de la LO 1/2025, de 2 de enero].

Finalmente, cabe mencionar el caso del proceso monitorio que no está excluido del requisito de procedibilidad a pesar de la poca efectividad práctica que la exigencia de MASC supone en la agilidad y sencillez de este tipo de procesos. Esto, no obstante, lo que sí hace la ley es excluir de dicho requisito el caso del proceso monitorio europeo y del proceso europeo de escasa cuantía, lo que motiva que se pueda acudir de modo fraudulento al primero de ellos para así eludir la obligación de MASC en el monitorio previsto en la LEC.

Dicho uso fraudulento se ha venido observando en la práctica, sobre todo, en las reclamaciones de deuda realizadas por aquellas empresas que adquieren una bolsa de créditos para reclamarlas a los deudores de forma masiva. Existen ya pronunciamientos que califican esta práctica como fraude de ley.

6.
ESPECIAL REFERENCIA AL REQUISITO DE PROCEDIBILIDAD EN MATERIA DE FAMILIA

El requisito de procedibilidad en materia de familia

Ha sido en materia de familia donde se han suscitado las mayores dudas respecto de la exigencia del requisito de procedibilidad de los MASC, esto es así por la amplitud de los supuestos que pueden plantearse y los intereses en juego en este tipo de procesos. Adquiere aquí importancia la urgencia de algunos de estos procesos, el interés superior del menor en juego en otros, las relaciones existentes entre las partes, unas veces interesadas en mantener la cordialidad y otras con diferencias absolutamente irreconciliables por lo que no sería efectiva la vía negociadora...

El criterio general en este punto es la exigencia de MASC en los procesos de familia y menores por exigencia del artículo 5.2 de la LO 1/2025, de 2 de enero, enfoque amplio que, en palabras del CNLAJ, *«(...) asegura que los conflictos familiares, que a menudo implican un alto componente emocional, puedan resolverse de manera dialogada, evitando la confrontación judicial innecesaria. La obligatoriedad de los MASC en estos casos busca proteger los intereses de todas las partes, especialmente de los menores involucrados, promoviendo acuerdos que reflejen un consenso razonable».*

No obstante, sobre la regla general expuesta cabe examinar las dudas surgidas en relación con ella.

46. ¿Se exige MASC en materia de familia?

Del artículo 5.2 de la LO 1/2025, de 2 de enero, se infiere la exigencia de MASC en los procesos especiales del libro IV de la LEC donde se incardinan los procesos de familia. Lo anterior permite concluir que es generalizada la aplicación del requisito de procedibilidad en este tipo de procesos. No obstante, esta regla general presenta las excepciones recogidas en el mismo precepto, es decir, no se exige MASC en los casos siguientes:

- La adopción de las medidas previstas en el artículo 158 del CC.

- La adopción de medidas judiciales de apoyo a las personas con discapacidad.

- La filiación, paternidad y maternidad.

- El ingreso de menores con problemas de conducta en centros de protección específicos, la entrada en domicilios y restantes lugares para la ejecución forzosa de medidas de protección de menores o la restitución o retorno de menores en los supuestos de sustracción internacional.

Se delimitan claramente las excepciones al requisito de procedibilidad justificándolas el CNLAJ por la urgencia, gravedad o naturaleza de los derechos en juego, los cuales, entiende, que requieren de una respuesta judicial inmediata y sin la demora que supondría la negociación previa. No obstante, esta clara delimitación no ha evitado la existencia de dudas respecto de casos concretos como los que veremos en los puntos siguientes.

47. ¿Los procedimientos en los que están implicados menores están exentos de MASC?

La regla general lleva a responder afirmativamente a esta cuestión, a pesar de que en este punto han sido numerosas las dudas respecto de la exigencia del requisito de procedibilidad de los MASC como así lo refleja la existencia de peticiones de suspensión de la aplicación de la ley respecto de procesos en los que intervienen menores (Asociación Española de Abogados de Familia y algunos colegios de abogados).

No obstante, la opinión mayoritaria ha sido la de sostener la exigencia de MASC aun en los procesos en los que se vean afectados menores, como, por ejemplo, en el caso de procedimientos de separación o divorcio con hijos menores. Para sostener la postura contraria —no exigencia de MASC— se ha atendido a lo previsto en el artículo 4.1 de la LO 1/2025, de 2 de enero, concretamente en el párrafo segundo, cuando dice:

«No obstante, **no podrán ser sometidos a medios adecuados de solución de controversias,** ni aun por derivación judicial, **los conflictos que versen sobre materias que no estén a disposición de las partes** en virtud de la legislación aplicable, **pero sí será posible su aplicación en relación con los efectos y medidas previstos en los artículos 102 y 103 del Código Civil,** sin perjuicio de la homologación judicial del acuerdo alcanzado».

Como apunta el criterio sostenido por la Junta de jueces de familia de Madrid, el tenor literal anterior *«(...) parece abocar a la inexigibilidad del requisito de procedibilidad en relación con los conflictos que versen sobre materias indisponibles para las partes, como algunas de las afectantes a los hijos menores comunes, pues tal* **interpretación haría inaplicable** *el requisito a todos los procesos en que se ventilan pretensiones indisponibles relativas a hijos menores y dejaría prácticamente vacía de contenido la reforma en materia de familia y menores, conclusión que no es coincidente en absoluto con la "voluntas legislatoris"».*

La Junta de jueces mencionada alude también a la posible aplicación de MASC en el caso de los efectos y medidas de los artículos 102 y 103 del CC y lo justifica señalando que en dichas materias es preceptivo el requisito de procedibilidad ya que, a pesar de referirse algunas de las medidas a materias indisponibles, el propio precepto prevé una salvaguarda judicial que impide a las partes acordar medidas indisponibles contrarias al interés superior de los menores. Esto es así porque la autoridad judicial podrá no aprobar las medidas como se infiere del inciso final cuando alude a la homologación judicial del acuerdo alcanzado.

En consonancia con todo lo expuesto, resulta particularmente interesante la exposición de pros y contras que respecto de la exigencia de MASC en procesos donde existan menores hace el ICA de Gijón en su guía sobre los MASC.

48. ¿Se requiere MASC en un procedimiento de nulidad matrimonial?

La LO 1/2025, de 2 de enero, no contempla los procesos de nulidad matrimonial entre las excepciones al requisito procedibilidad de los MASC, así, han sido varias las opiniones que han sostenido la exigencia de MASC en este tipo de procesos, a título de ejemplo cabe citar los criterios sostenidos por CNLAJ, los jueces de familia de Madrid o el partido judicial de Betanzos.

No obstante, también existen opiniones en sentido contrario, en las que se niega la exigencia de MASC en este tipo de procesos, tal es el caso de los LAJ de Bilbao o de la Junta de jueces de Santiago de Compostela la cual excluye el MASC cuando en el proceso se inste solo la nulidad matrimonial sin ninguna otra medida, es decir, cuando el pronunciamiento que recaiga solo afecte al estado civil de las partes.

Asimismo, tampoco faltan opiniones que incardinando la nulidad matrimonial en el ámbito del orden público niegan la exigencia del requisito de procedibilidad. A tal efecto, se atiende a lo previsto en el artículo 4.1 de la LO 1/2025, de 2 de enero, a la intervención preceptiva del Ministerio Fiscal en este tipo de procesos *ex* artículo 749 de la LEC, así como al carácter indisponible de la materia, argumento este último utilizado por la Junta de jueces de Logroño para respaldar la exclusión del requisito de procedibilidad en estos casos.

49. ¿Qué sucede en el caso de divorcios de mutuo acuerdo? ¿Se exige MASC? ¿El convenio regulador vale como MASC?

Los criterios unificadores que se han ido conociendo se muestran conformes con negar la exigencia de MASC como requisito de procedibilidad en los procesos de mutuo acuerdo, así citar la opinión de los LAJ de Bilbao o de los jueces del partido judicial de Betanzos.

En relación con estos casos se considera el convenio regulador como una de las expresiones más genuinas de un MASC (ICA Gijón). Así pues, cumpliendo con el proceso del artículo 777 de la LEC se acompañará la demanda de la propuesta de convenio regulador que se haya alcanzado. Pero **¿se considerará lo anterior suficiente a efectos de admisión de la demanda en cuestión?** Aunque la respuesta parece unánime en este punto y se niega la exigencia de acudir a un MASC de los previstos legalmente para que la demanda sea admitida en los casos de mutuo acuerdo, pues se entiende que el convenio regulador acredita suficientemente la actividad negociadora, existen opiniones que aconsejan algo más.

Es decir, se recomienda complementar el acompañamiento documental del convenio con una descripción clara en la demanda de la actividad negociadora desarrollada para alcanzar el acuerdo. Lo anterior se justifica en aras de evitar posibles inadmisiones justificadas en la falta de descripción de la negociación que ahora exige el artículo 399.3 de la LEC respecto de la demanda.

Las dudas han surgido respecto de aquellos casos en que, alcanzado el acuerdo, el convenio no es ratificado por alguna de las partes o no se aprueba el mismo judicialmente, es decir, el proceso deja de ser de mutuo acuerdo y se convierte en contencioso. En estos casos no será exigible MASC respecto del proceso contencioso, a pesar de que este tipo de proceso en sí lo exija. Así lo sostienen los criterios del ICA de Gijón, de la Junta de jueces de Logroño o de la de Santiago de Compostela.

50. ¿Se exige MASC en caso de divorcio sin medidas? ¿Y si la otra parte reconviene?

Teniendo presente que, en un proceso de divorcio sin medidas en el que solo se pretende la disolución del vínculo matrimonial, el pronunciamiento que se dicta solo afectará al estado civil de las partes, es opinión generalizada la de que en esos casos no es exigible MASC para cumplir el requisito de procedibilidad. En este sentido citar la opinión del ICA de Gijón, de los LAJ de Bilbao o de la Junta de jueces de Santiago de Compostela.

Se consideraría absurdo acudir a MASC en estos casos, pues la disolución del vínculo matrimonial es necesaria, va intrínseca al proceso en sí y no es negociable. Cuestión distinta sería que se solicitase alguna medida como las relativas a custodia, vivienda familiar..., en cuyo caso sí habría aspectos que podrían negociarse y adquiriría sentido el requisito de procedibilidad.

A TENER EN CUENTA. La Junta de jueces de Ribeira (A Coruña) al referirse a la demanda sin medidas y exigir la acreditación de MASC en tales casos parece apartarse de la opinión generalizada respecto de esta cuestión.

Un caso curioso que podría plantearse es aquel en que una de las partes presenta demanda solicitando el divorcio sin medidas y la otra parte contesta la demanda reconviniendo, por ejemplo, solicitando una pensión compensatoria. Inicialmente se trataría de un divorcio sin medidas, si bien después de la reconvención sí se incluirían estas y ello podría llevar a pensar que en este caso sería necesario MASC, pero esto no es así. La anterior conclusión se alcanza poniéndolo en relación con la opinión unánime que afirma que la reconvención no exige MASC, por lo tanto, en este caso tampoco sería necesario, es decir, no cabe retrotraer el proceso para acudir a MASC, sino que el mismo continúa siguiendo los trámites procesales oportunos.

51. ¿Es necesaria la homologación judicial del acuerdo en materia de familia?

La respuesta ha de ser afirmativa. En este sentido cabe traer a colación lo previsto en la propuesta de unificación de criterios del CNLAJ que señala:

«En los **asuntos de familia, los acuerdos alcanzados a través de los MASC deben someterse a un proceso de homologación judicial** para garantizar que respeten el interés superior del menor, el orden público y los derechos fundamentales de todas las partes involucradas. Este control judicial no solo valida la legalidad del acuerdo, sino que también asegura que las soluciones consensuadas sean equitativas y viables a largo plazo, especialmente en contextos donde existen menores o situaciones de vulnerabilidad. **La homologación actúa como una salvaguarda esencial, integrando la autonomía de las partes con la supervisión judicial necesaria en este tipo de materias».**

Se refiere expresamente a la homologación judicial del acuerdo el **artículo 4.**1**, párrafo segundo, de la LO 1/2025, de 2 de enero**, actuando, según defienden los jueces de familia de Madrid, como salvaguarda judicial en relación con las medidas de carácter indisponible que se contengan en el acuerdo. Impedirá tal previsión que las partes puedan adoptar medidas de carácter indisponible contrarias al interés superior de los menores, ya que la autoridad judicial podrá denegarlas.

En definitiva, cabe concluir que **los acuerdos alcanzados en procesos relativos al derecho de familia deben homologarse judicialmente.**

52. Privación de la patria potestad ¿se exige MASC o no?

Siendo esta materia indisponible para las partes, resulta clara aquí la exclusión de este supuesto del requisito de procedibilidad, es decir, en estos casos no se exige MASC para que las demandas sean admitidas.

RESOLUCIÓN RELEVANTE

Sentencia de la Audiencia Provincial de Madrid n.º 131/2025, de 10 de abril, ECLI:ES:APM:2025:4981

«Por ello, la privación de la patria potestad, o el ejercicio de dicha función por uno de los progenitores con exclusión del otro, reviste un carácter excepcional, habiendo de basarse en circunstancias extremas, en las que la continuidad de las relaciones paterno-filiales vengan a poner en peligro la educación o formación, en sus distintos aspectos, del sujeto infantil.

El artículo 170 del Código Civil se refiere al incumplimiento de deberes inherentes a la potestad, y ello no conlleva un significado de censura o de sanción de una conducta omisiva, habiendo de valorarse esta en función del antedicho principio del favor de los hijos que imponga, o aconseje, en aras de la protección del referido prevalente interés, tal drástica medida.

En definitiva, si concurren razones debidamente fundadas, objetivas o subjetivas, será posible acceder a tan grave medi-

da, y teniendo en consideración, por otra parte, las previsiones contenidas en el artículo 156 del texto legal antes aludido, en lo que se refiere a los presupuestos que justifican la posibilidad del ejercicio exclusivo de la patria potestad.

El carácter de orden público de la materia, precisa considerar que la privación de la patria potestad sobre los hijos menores de edad es una medida grave, que no tiene el carácter de sanción, sino que, esencialmente, está dirigida a la protección del menor y a la evitación de peligros y de riesgos para el mismo, tal como resulta de una interpretación correcta del artículo170 del Código Civil. La patria potestad está integrada, esencialmente, por un conjunto de responsabilidades que son exigibles a ambos progenitores, en beneficio del hijo menor. Estas responsabilidades deben subsistir, siempre que no exista un riesgo evidente para el propio menor, con independencia de que merezca reproche social el desinterés mostrado por el progenitor no custodio hacia su hijo, y siempre que pueda albergarse alguna posibilidad de reanudación de la relación por existir circunstancias que, objetivamente consideradas, permitan que en tiempo prudencial las dificultades existentes puedan evolucionar positivamente.

(...)

(...) a la hora de valorarse el alcance y significado del referido incumplimiento se admite una amplia facultad discrecional del órgano judicial para su apreciación, a fin de que el precepto se interprete con arreglo a las circunstancias del caso, sin que pueda prevalecer una mera consideración objetiva y exclusiva del supuesto de hecho (STS 36/2012, de 6 de febrero), pero se trata de una facultad reglada, en cuanto que su aplicación exige tener siempre presente el interés del menor o incapacitado (STS 183/1998, de 5 marzo)».

53. ¿Exigen MASC las medidas provisionales previas a la demanda? ¿Qué sucede si concurre urgencia?

Respecto del proceso relativo a las medidas provisionales previas a la demanda previsto en el artículo 771 de la LEC ha sido mayoritaria la opinión favorable a la **exigencia de MASC en este tipo de procesos, planteándose las dudas en aquellos casos en que la adopción de las medidas revista carácter urgente.**

En este sentido el CNLAJ ha señalado al respecto:

«El artículo 771 de la LEC, que regula las medidas provisionales previas en el ámbito de familia, también **exige un intento previo de MASC debido**

a su carácter autónomo y diferenciado de las medidas cautelares previas contempladas en otros contextos procesales. Estas medidas, que pueden incluir decisiones sobre la guarda de menores o el uso de la vivienda conyugal antes del proceso principal, deben ir precedidas de un esfuerzo de negociación extrajudicial, **salvo en casos de urgencia extrema.** Esta exigencia refuerza la coherencia del sistema, asegurando que incluso las resoluciones provisionales se beneficien de un intento de acuerdo previo, siempre que las circunstancias lo permitan».

Por lo que se refiere al **carácter urgente de las medidas,** en estos casos no han sido pocas las opiniones que han descartado la exigencia de MASC dada la inoperatividad que supondría en estos casos (LAJ de Bilbao, CNLAJ, partido judicial de Betanzos, LAJ de Barcelona, entre otros).

Tramitada las medidas provisionales previas como proceso independiente que exige MASC, **¿qué ocurre con el proceso posterior?, ¿exige el proceso principal ulterior MASC?** Existen posturas discrepantes en este punto. Así, niegan la exigencia de MASC para el proceso posterior sobre divorcio o guardia custodia la Junta de jueces de Ribeira, así como los LAJ de Barcelona. Estos últimos basan esta respuesta en la temporalidad del proceso en tanto existe un plazo de 30 días para la interposición de la demanda (art. 771.5 de la LEC).

Postura contraria sostiene el partido judicial de Betanzos cuando habla de las medidas provisionales urgentes señalando: «*(...) en situaciones de urgencia, la jueza podrá adoptar medidas provisionales inmediatas sin exigir un intento previo de MASC pero el requisito sigue aplicable al proceso principal*».

Finalmente, como **criterios discordantes a la exigencia de MASC en las medidas provisionales previas** destacar la Junta de jueces de primera instancia de Logroño que las incluye en la enumeración de supuestos excluidos de MASC. Así como, la Junta de jueces de familia de Palma de Mallorca que equipara las medidas provisionales previas a la demanda a las medidas cautelares previas a la demanda exentas de MASC, aplicando esto por analogía respecto de aquellas.

54. ¿Qué tipos de MASC pueden usarse en materia de familia?

En materia de familia en principio podrá utilizarse **cualquiera de los MASC que se recogen en la ley**. No obstante, no puede obviarse la referencia al caso de la conciliación regulada en los artículos 139 y siguientes de la Ley de Jurisdicción Voluntaria. Esta **conciliación ante el LAJ se encuentra limitada en los supuestos de familia,** toda vez que el artículo 139.2 de la LJV la excluye en aquellos casos en que estén interesados menores y personas con discapacidad con medidas de apoyo para el ejercicio de su capacidad jurídica. En definitiva, si se ven afectadas alguna de estas personas en los procesos de familia, no podrá acudirse como MASC a la conciliación prevista en la LJV.

Por otro lado, a pesar de que es posible utilizar la **oferta vinculante confidencial** por previsión legal, lo cierto es que en los procesos de familia suele quedar reducida a casos urgentes, que requieren una solución rápida; a aquellos casos en que la cuestión a resolver es más concreta o, teniendo presente que es el MASC más rápido desde el punto de vista temporal, cuando se pretenda salvar este requisito lo más rápido posible para llegar a la vía judicial. Esto último se daría en aquellos supuestos en que la negociación está abocada al fracaso por las circunstancias que rodean al conflicto y, sin embargo, hay que acudir a ella por exigencia legal para la interposición de la demanda. Este supuesto lleva a pensar que, con esta intención, se podría utilizar este MASC para terminar cuanto antes con el trámite.

En cuanto a la **opinión de persona experta independiente,** en el derecho de familia no parece adecuado acudir a este MASC dado el carácter personal de la mayoría de los conflictos. Este MASC parece adecuado para conflictos más técnicos y de índole patrimonial, tanto en el ámbito civil como en el mercantil.

Respecto del resto de los MASC simplemente habrá que elegir cuál es el más adecuado en cada caso, existiendo muchas opiniones que abogan por la **negociación entre letrados** como idóneo en cualquier conflicto de familia. No obstante, la elección podrá hacerse en base a **criterios** como:

- La **disposición de las partes ante el conflicto,** si están dispuestas a negociar en aras de encontrar una solución evitando la vía judicial, o si, por el contrario, no hay voluntad de acuerdo y simplemente se quiere cumplir el trámite previo a la vía judicial que es la que interesa realmente a las partes.

- La **intensidad del conflicto.**

  - Intensidad baja, las partes quieren mantener su relación: la conciliación privada sería aconsejable en ese caso con la intervención de un tercero neutral con funciones conciliadoras.

  - Intensidad media, las partes quieren entenderse y pueden llegar a hacerlo: la mediación podría ser el más adecuado.

  - Intensidad más alta, pero voluntad de las partes de cooperar: el derecho colaborativo resulta adecuado.

- La **urgencia** de la resolución del conflicto. Como ya se ha dicho atendiendo al carácter urgente de la cuestión, el MASC más rápido sería la oferta vinculante confidencial.

- El **tipo de conflicto.** Atendiendo a este criterio, se puede hacer referencia a algunos ejemplos:

  - Medidas provisionales previas: por su carácter urgente puede ser adecuada la oferta vinculante confidencial.

  - Procesos de separación o divorcio: conciliación, mediación o derecho colaborativo.

  - Modificación de medidas: si se busca un cambio radical puede ser adecuada la negociación entre letrados, mientras que si se pretende algo más concreto puede ser aconsejable una oferta vinculante confidencial.

  - Procesos patrimoniales (división de patrimonios, liquidación del régimen económico matrimonial...): conciliación si hay voluntad de las partes de negociar o negociación entre letrados.

  - Jurisdicción voluntaria en materia de patria potestad: se trata de cuestiones muy concretas y suelen ser urgentes lo que conduce a la oferta vinculante confidencial o, si no, a la negociación entre letrados.

En definitiva, pudiendo acudirse a cualquiera de los MASC previstos legalmente, con la limitación señalada respecto de la conciliación, habrá que atender al caso concreto y las circunstancias que lo rodean para determinar cuáles es el medio más adecuado en cada supuesto.

55. Los MASC en la jurisdicción voluntaria ¿son necesarios en materia de familia?

La regla general que contempla el artículo 5.3 de la LO 1/2025, de 2 de enero, es la exclusión de MASC para la iniciación de los expedientes de jurisdicción voluntaria, si bien prevé dos excepciones:

- Los expedientes de intervención judicial en los casos de desacuerdo conyugal y en la administración de bienes gananciales. Respecto de estos expedientes no se plantean especiales problemas por la exigencia de MASC.

- Los expedientes de intervención judicial en caso de desacuerdo en el ejercicio de la patria potestad. En relación con estos la cuestión es más controvertida, pues, aunque es clara la exigencia de MASC, es cierto que en estos casos la solución que se requiere tiene carácter urgente lo que chocaría con aquel requisito como se analiza respecto de las medidas provisionales previas.

Así pues, sobre este segundo supuesto existen opiniones que discrepan del tenor literal de la ley al exigir MASC en estos casos ya que entienden que carece de sentido el requisito por la urgencia que normalmente acompaña a estos expedientes. Es probable que el motivo del expediente haya desaparecido cuando se entre a resolver sobre el mismo tras el MASC.

56. ¿Es exigible MASC en todas las fases del proceso de liquidación del régimen económico matrimonial?

Para responder a esta cuestión cabe partir de la distinción de dos fases en el proceso de liquidación del régimen económico matrimonial: la fase de formación de inventario y la fase de liquidación. Aunque se puedan tramitar separadamente en los tribunales llevando a confusión sobre el carácter independiente de cada fase, se trata de un solo procedimiento con dos fases dentro del mismo, por lo tanto, solo se exigirá MASC para iniciar el proceso en general y no respecto de cada una de sus fases.

57. ¿Qué ocurre cuando en un proceso de filiación se solicitan también medidas? ¿Es necesario MASC?

Los procesos de filiación, maternidad y paternidad están excluidos de la exigencia de acudir al MASC, en ellos no debe cumplirse con el requisito de procedibilidad (art. 5.2 de la LO 1/2025, de 2 de enero). Las dudas surgen cuando en una reclamación de este tipo se solicitan medidas paternofiliales. Pues bien, en relación con esto, antes de la reforma operada por la LO 1/2025, de 2 de enero, ambas solicitudes se tramitaban en dos procedimientos diferentes y la competencia en materia de filiación, maternidad y paternidad, se atribuía a los juzgados de primera instancia.

Sin embargo ahora, con la creación de las secciones de familia, infancia y capacidad de los tribunales de instancia la competencia de ambas materias corresponde a estas de modo que ambas solicitudes pueden hacerse en un único procedimiento, es decir, en una demanda de filiación, maternidad o paternidad se puede solicitar la adopción de medidas paternofiliales y no se exigirá MASC en base a la exclusión de la primera de estas materias del requisito de procedibilidad.

58. ¿En una petición de alimentos es necesario acudir a un MASC?

En principio siendo los alimentos una materia indisponible para las partes, se excluiría la exigencia de MASC en base al artículo 4.1 de la LO 1/2025, de 2 de enero. Sin embargo, el mismo precepto al hacer mención a los efectos y medidas de los artículos 102 y 103 del CC parece que no prohíbe la negociación en este punto, ello sin perjuicio de la necesidad de homologación judicial del acuerdo alcanzado sobre la materia.

Será necesario MASC cuando lo relativo a los alimentos sea una más de las medidas solicitadas en el proceso de divorcio contencioso que se inicia, pues estos procesos sí exigen cumplir con el requisito de procedibilidad, en los términos ya examinados.

59. ¿Cuál es el ámbito de la exclusión de MASC respecto de las medidas del artículo 158 del CC?

El artículo 5.2 de la LO 1/2025, de 2 de enero, excluye expresamente la exigencia de MASC en los procesos que tengan por objeto la adopción de las medidas previstas en el artículo 158 del CC. No obstante, esta clara excepción puede derivar en que las solicitudes de medidas se hagan con carácter general por esta vía para así evitar el requisito de procedibilidad.

Por ello hay que tener presente el ámbito a que alude dicho artículo 158 del CC reservado para casos concretos fuera de los cuales la solicitud de medidas no podrá fundamentarse en ese precepto, y por consiguiente si se elude el requisito de procedibilidad en ellos, la demanda será inadmitida. Así pues, el ámbito del artículo 158 del CC se refiere a la adopción de alguna de las medidas previstas en él, de oficio o a instancia de parte o del Ministerio Fiscal, basándose en **situaciones de extrema urgencia y necesidad respecto de los hijos menores.**

En relación con lo anterior, los LAJ de Barcelona se plantearon la duda de qué sucedería cuando se usa la vía del artículo 158 del CC sin acudir al MASC, pero no se solicita ninguna de las medidas del citado precepto, es decir, no se aprecia urgencia. Pues bien, señalan, al respecto, que *«La opinión mayoritaria es dictar diligencia de ordenación en base al artículo 254 de la LEC reconduciendo el procedimiento a medidas previas. Acto seguido solicitar subsanación para la presentación del documento acreditativo del medio adecuado de solución de controversia. Con su resultado dar cuenta para inadmitir, o admitir tramitación».*

60. ¿Se exige MASC en los casos de violencia de género? Especial referencia a la desaparición de la violencia

El artículo 4.2 de la LO 1/2025, de 2 de enero, excluye la aplicación de lo previsto respecto de los MASC a los conflictos de carácter civil que versen sobre alguna de las materias excluidas de la mediación, conforme al artículo 89.9 de la LOPJ, es decir, en materia de violencia de género.

A pesar de esta exclusión, puede ocurrir lo siguiente. Adoptadas unas medidas civiles por la sección de violencia sobre la mujer del tribunal de instancia, posteriormente quieren ser modificadas por la vía del artículo 775 de la LEC, pero la causa penal ha desaparecido bien por sobreseimiento o archivo, bien por cumplimiento de la pena y extinción de la responsabilidad penal. En estos casos la competencia se atribuye por el citado precepto al tribunal que acordó las medidas inicialmente, si bien la jurisprudencia en relación con esto ha venido resolviendo que, no existiendo la causa penal, la competencia se atribuirá a la sección de familia, infancia y capacidad del tribunal de instancia, y no a la de violencia sobre la mujer que adoptó las medidas inicialmente.

Así, cabe citar el **auto del Tribunal Supremo, rec. 30/2022, de 17 de marzo, ECLI:ES:TS:2022:4607A,** conforme al cual:

«[...] De los dos autos de esta sala, antes mencionados, de 27 de junio de 2016 y 15 de febrero de 2017, se deduce que, en caso de interposición de demanda de modificación de las medidas definitivas, previamente acordadas:

1. Será competente el **juzgado de violencia contra la mujer cuando la demanda de modificación de medidas se interponga en fecha en que el procedimiento penal esté en trámite,** es decir, no archivado, sobreseído o finalizado por extinción de la responsabilidad penal.

2. Será competente el **juzgado de familia cuando la demanda de modificación de medidas se interponga una vez sobreseído o archivado, con carácter firme, el procedimiento penal o cuando al interponerse ya se haya extinguido la responsabilidad penal** por cumplimiento íntegro de la pena.

(...)

En el caso de autos, el procedimiento estaba sobreseído antes de la interposición de la demanda de modificación de medidas, por lo que ya no concurría imputado alguno, y siendo este uno de los requisitos para atribuir la competencia exclusiva y excluyente a los juzgados de violencia contra la mujer, debemos concluir que no era el competente cuando se interpuso la demanda de modificación de medidas.

No procede extender la competencia del juzgado de violencia contra la mujer para la modificación de medidas a los casos en los que se haya sobreseído provisional o libremente, o archivado el proceso antes de la interposición de la demanda, por el simple hecho de que dictara en su día las medidas definitivas (art. 775 LEC), (…)».

A TENER EN CUENTA. Por la reforma realizada por la LO 1/2025, de 2 de enero, una vez implantados de forma efectiva los tribunales de instancia (D.T. 1.ª), todas las referencias realizadas a los juzgados unipersonales se entenderán realizadas a las secciones del orden jurisdiccional correspondiente de los tribunales de instancia. En este caso, el apartado 5 del art. 86 de la LOPJ, en su letra a), atribuye a la Sección de Familia, Infancia y Capacidad la jurisdicción exclusiva y excluyente de las materias *«relativas al matrimonio y a su régimen económico matrimonial y las que tengan por objeto la adopción o modificación de medidas de trascendencia familiar y otras acciones derivadas de la crisis matrimonial o de la unión de hecho».*

A la vista de lo anterior, cabe plantearse, respecto de la exigencia de MASC, si desaparecida la causa penal y, por tanto, la competencia de la sección de violencia sobre la mujer conforme hemos visto, será exigible ahora el MASC para la modificación de medidas, ya que esta solicitud ya no se incardina en un proceso con el trasfondo de la violencia de género que permita excluirlo.

Pues bien, en tal caso, partiendo de la desvinculación de la acción penal en los términos vistos para la competencia, el proceso de modificación de medidas ya no estaría en el ámbito de la violencia de género por lo que pasaría a ser un proceso civil sin especialidad alguna, lo que llevaría a aplicar la regla general. Es decir, sería necesario plantear un MASC como requisito previo a la admisión de la demanda.

61. ¿Es necesario MASC cuando se solicite la declaración de un gasto como extraordinario?

Considerado este proceso como declarativo, la respuesta parece clara siendo necesario MASC para este tipo de solicitudes. No obstante, el trámite está regulado en el artículo 776 de la LEC considerado como precepto de ejecución, de modo que, aplicando la regla general de exención de MASC en las demandas ejecutivas, no será necesario MASC en este tipo de procesos.

7.
ESPECIAL REFERENCIA AL REQUISITO DE PROCEDIBILIDAD EN MATERIA DE CONSUMO

Especialidades en materia de consumo

La **LO 1/2025, de 2 de enero**, introduce modificaciones significativas en el ámbito de los consumidores, en el artículo 439 de la LEC añade un nuevo apdo. 5 referente a la inadmisión de las demandas que tengan por objeto las acciones de reclamación de devolución de las cantidades indebidamente satisfechas por el consumidor, en aplicación de determinadas cláusulas suelo o de cualesquiera otras cláusulas que se consideren abusivas contenidas en contratos de préstamo o crédito garantizados con hipoteca inmobiliaria, e introduce el nuevo artículo 439 bis de la LEC, relativo a la reclamación previa en cuanto a la actividad de concesión de préstamos o créditos de manera oficial.

Además, la **D.A.7.ª de la LO 1/2025, de 2 de enero**, establece una regulación especial de los litigios en materia de consumo, si bien esta regulación únicamente se contempla para litigios en los que se ejerciten acciones individuales.

A continuación, se da respuesta a las preguntas más frecuentes acerca de este nuevo procedimiento en materia de consumo.

62. En los litigios que se ejerciten acciones individuales promovidas por consumidores o usuarios, ¿cómo se entenderá cumplido el requisito de procedibilidad?

De acuerdo con lo dispuesto en el primer párrafo de la **D.A. 7.ª de la LO 1/2025, de 2 de enero**, se entenderá cumplido el requisito de procedibilidad cuando se haga reclamación extrajudicial previa a la empresa o profesional con el que hubieran contratado, sin haber obtenido una respuesta en el plazo establecido por la legislación especial aplicable, o bien, cuando la misma no sea satisfactoria.

Lo anterior tendremos que entenderlo sin perjuicio de que se pueda acudir a cualquiera de los MASC, tanto los previstos en la legislación especial en materia de consumo, como los generales previstos en la **LO 1/2025, de 2 de enero**.

63. ¿Se cumple el requisito de procedibilidad con la resolución de las reclamaciones presentadas por los usuarios de productos financieros ante el Banco de España?

Sí, además de ante el Banco de España, también las presentadas por los usuarios de productos financieros ante la Comisión Nacional de Mercado de Valores y la Dirección General de Seguros y Fondos de Pensiones en los términos establecidos en el artículo 30 de la Ley 44/2002, de 22 de noviembre, de Medidas de Reforma del Sistema Financiero, o por haber acudido a alguno de los procedimientos que se refiere la Ley 7/2017, de 2 de noviembre, o los que pudieran haber sido establecidos en normativa sectorial en desarrollo.

64. Las reclamaciones previas anteriores a la entrada en vigor de la LO 1/2025, de 2 de enero, ¿cumplen el requisito de procedibilidad?

Sobre esto se han pronunciado los tribunales de Valencia, que de acuerdo con sus criterios, cuando la reclamación concretamente sea para la reclamación de devolución de las cantidades indebidamente satisfechas por el consumidor en aplicación de determinadas cláusulas suelo o de cualesquiera otras cláusulas que se consideren abusivas contenidas en contratos de préstamo o crédito garantizados con hipoteca inmobiliaria, sí que se debería efectuar de nuevo la reclamación para dar cumplimiento al requisito de procedibilidad, ya que, en caso de no hacerlo, si se dan por válidas las anteriores reclamaciones, se le negará la oportunidad a la entidad bancaria de responder lo que tendrá efectos o consecuencias posteriormente en materia de costas.

65. ¿Debe ejercitarse el MASC si la acción contra una entidad bancaria es meramente declarativa?

Si lo que se pretende es que el banco reconozca la nulidad sí que debe de hacerse la reclamación previa.

66. ¿Se pueden establecer pactos específicos en torno a los MASC en los documentos contractuales suscritos con consumidores?

Sí, pero teniendo en cuenta que no se limite el principio de libre elección que corresponde al consumidor.

67. ¿Cómo se llevará a cabo la reclamación previa relativa a la actividad de concesión de préstamos o créditos de manera oficial?

De acuerdo con lo dispuesto en el reciente artículo 439 bis de la LEC, el consumidor debe remitir la reclamación previa a la persona física o jurídica que realice la actividad de concesión de préstamos o créditos de manera profesional, que deberá admitir o denegar la reclamación.

Una vez recibida la reclamación, la persona o entidad destinataria efectuará un cálculo de la cantidad a devolver de manera desglosada, incluyendo las cantidades que correspondan en concepto de intereses, y, en su caso, admitirá o rechazará la nulidad de las cláusulas señaladas como abusivas. No obstante, si entiende que no procede la devolución o que no concurre la abusividad, lo comunicará mediante decisión fundada.

Por su parte, el consumidor debe manifestar su postura respecto del cálculo presentado y sobre lo dicho por el concedente del préstamo sobre la abusividad de las cláusulas. Si está de acuerdo con dicha posición, se hará efectivo su contenido. De no cumplirse en plazo el acuerdo, quedará expedita la vía judicial para el consumidor.

68. ¿La reclamación previa relativa a la actividad de concesión de préstamos o créditos tendrá carácter confidencial?

En principio se podría entender que sí, si bien, debemos de tener en cuenta que, cuando se considere que la devolución no es procedente o, en su caso, se rechace la abusividad de las cláusulas, la persona física o jurídica que realice la actividad de concesión de préstamos comunicará razonadamente los motivos en los que funda su decisión, **sin que pueda alegar otros diferentes en el proceso judicial que se siga.**

Por lo tanto, el hecho de no poder alegar motivos diferentes en el proceso judicial podría entenderse en el sentido de que la confidencialidad de esa reclamación previa desaparece.

Además, el artículo 439 bis de la LEC establece que la posición mantenida por las partes durante esta negociación previa podrá ser valorada en el seno del proceso ulterior, caso de haberlo.

69. ¿La reclamación previa a la que se refiere el apdo. 5 del artículo 439 de la LEC es aplicable para todo tipo de préstamos o créditos?

No, esta reclamación previa solamente será aplicable a préstamos o créditos garantizados con hipoteca inmobiliaria. Para préstamos personales, tarjetas *revolving*, microcréditos o contratos similares, será necesario que la parte demandante acredite haber acudido a un MASC con sujeción a las reglas generales de la **LO 1/2025, de 2 de enero.**

70. ¿Cuál será el plazo máximo para que el consumidor y la persona o entidad a la que se reclamó lleguen a un acuerdo?

De acuerdo con el artículo 439 bis de la LEC, el plazo será de 1 mes a contar desde la presentación de la reclamación.

71. ¿Cuándo se entiende que el procedimiento extrajudicial ha concluido sin acuerdo?

Si se dan alguna de las siguientes circunstancias:

- Si la persona o entidad a quien se ha dirigido la reclamación rechaza expresamente la solicitud del consumidor.

- Si finaliza el plazo de un mes desde la recepción de la comunicación, sin comunicación alguna por su parte.

- Si el consumidor no está de acuerdo con el cálculo de la cantidad a devolver efectuado por la persona o entidad concedente del préstamo o crédito, si rechaza la cantidad ofrecida, o si no muestra su conformidad con la posición de dicha persona o entidad sobre la nulidad de las cláusulas interesadas.

72. ¿El incumplimiento del acuerdo extrajudicial devengará intereses?

Sí, en caso de que finalice el plazo de 1 mes y si a partir del momento en que conste fehacientemente la aceptación de la oferta por el consumidor no se ha puesto a su disposición de modo efectivo la cantidad ofrecida, esta devengará los intereses legales del dinero incrementados en 8 puntos desde que conste fehacientemente que ha sido aceptada la oferta por el perjudicado.

Asimismo, si transcurriera dicho plazo sin hacerse efectiva la cantidad ofrecida, quedará expedita la vía judicial para el consumidor, sin perjuicio de que continúe el devengo de los intereses referidos.

73. ¿Las partes, además de la reclamación previa, pueden ejercitar alguna otra acción extrajudicial con el mismo objeto de la reclamación?

No, las partes no podrán ejercitar entre sí ninguna acción judicial o extrajudicial en relación con el objeto de la reclamación previa durante el tiempo en que esta se sustancie.

74. ¿Qué coste podrá suponer para el consumidor el procedimiento de reclamación extrajudicial en este ámbito?

Este procedimiento de reclamación extrajudicial tendrá carácter gratuito.

75. ¿Qué efectos tendrá la formalización del acuerdo en escritura pública?

La formalización de la escritura pública y la inscripción registral que, en su caso, pudiera derivarse del acuerdo entre el concedente del préstamo o crédito y el consumidor devengará exclusivamente los derechos arancelarios notariales y registrales correspondientes, de manera respectiva, a un documento sin cuantía y a una inscripción mínima, cualquiera que sea la base.

8.

EL ACUERDO Y SU FORMALIZACIÓN

Especialidades en el acuerdo y formalización del MASC

La **LO 1/2025, de 2 de enero**, establece las disposiciones necesarias sobre la formalización del acuerdo entre las partes y su posible elevación a escritura pública u homologación judicial, dependiendo de los casos, así como las normas pertinentes sobre la validez y eficacia del acuerdo.

En el presente tema se da respuesta a las cuestiones que han ido surgiendo alrededor de los acuerdos alcanzados en los procedimientos de negociación, así como a la formalización de los mismos.

76. ¿Cómo se llevará a cabo la formalización del acuerdo?

De acuerdo con el **artículo 12 de la LO 1/2025, de 2 de enero**, en primer lugar, en el documento que recoja el acuerdo se deberá hacer constar los siguientes datos:

- Identidad y el domicilio de las partes.
- En caso de que se acuda asistido de abogadas o abogados, la identidad de los mismos.
- Identidad de la tercera persona neutral que haya intervenido.

- Lugar y fecha en que se suscribe.
- Las obligaciones que cada parte asume.
- Que se ha seguido un procedimiento de negociación ajustado a las previsiones de la **LO 1/2025, de 2 de enero.**

Además, el acuerdo deberá firmarse por las partes y, en su caso, por sus representantes, y cada una de ellas tendrá derecho a obtener una copia.

En caso de la intervención de una tercera persona neutral esta entregará un ejemplar a cada una de las partes y deberá reservarse otro ejemplar para su conservación.

Si se acuerda recíprocamente, el documento podrá ser elevado a escritura pública. Para llevar a cabo dicha elevación a escritura pública del acuerdo, el notario verificará el cumplimiento de los requisitos exigidos y que su contenido no sea contrario a derecho.

77. ¿El acuerdo podrá firmarse digitalmente?

Sí. La actividad negociadora o el intento de la misma debe recogerse documentalmente, así pues, tanto el documento en que conste el acuerdo como el que refleje aquella actividad o el intento de la misma debe firmarse. Es en este contexto donde adquiere relevancia la firma electrónica. La digitalización de la justicia que se ha venido implantando a lo largo de los años, también está presente en la celebración de los MASC, tanto en la posibilidad de que se firme electrónicamente el documento en cuestión, como en la digitalización de todos los trámites que se sigan de modo que conste fehacientemente su celebración y el cumplimiento de los requisitos exigidos legalmente para que sea efectivo.

La utilización de la firma electrónica en los MASC permite formalizar los acuerdos con garantías legales plenas siempre que reúna, por un lado, los requisitos exigidos para la formalización del acuerdo y, por otro lado, los propios de la firma electrónica.

78. ¿Qué son los servicios digitales MASC?

En el contexto de la transformación digital de la Administración de Justicia y con la finalidad de facilitar y agilizar el acceso a los MASC, el Ministerio de la Presidencia, Justicia y Relaciones con las Cortes ha impulsado **los servicios digitales MASC**. Con ellos pretende **optimizar e incentivar el uso de los MASC**, adquiriendo un papel importante la firma electrónica.

Dentro de los servicios digitales se distingue:

- **SEMASC Intrajudicial** (Sistema Electrónico de Medios Adecuados de Solución de Controversias Intrajudicial): es la herramienta digital creada para facilitar la gestión y tramitación en las unidades o departamentos responsables de las derivaciones judiciales orientadas a la solución del conflicto mediante un MASC. Este sistema permite gestionar la actividad negociadora de derivación intrajudicial, registrar convocatorias e información sobre las sesiones del proceso y vincular a los terceros imparciales que colaboran en la asignación de procesos y sesiones en la herramienta.

- **PIMASC** (Punto de Interoperabilidad de los MASC): es la herramienta diseñada para registrar y proporcionar información relativa al proceso del MASC. Su objetivo es, por un lado, proporcionar un formulario normalizado para registrar la actividad negociadora que genera un justificante del acto a efectos de cumplir el requisito de procedibilidad y, por otro lado, recopilar datos estadísticos relativos a los intentos de MASC. Pueden acceder a esta herramienta profesionales colegiados asociados a la Administración de Justicia (abogados/as, notarios/as, registradores/as...), los mediadores/as y otros profesionales colegiados.

79. ¿Qué ocurre si la parte requerida a la solicitud de elevación del acuerdo alcanzado a escritura pública no atiende a dicho requerimiento?

De no atender la parte requerida la solicitud de elevación del acuerdo alcanzado a escritura pública podrá otorgarse unilateralmente por la parte solicitante, debiendo hacerse la solicitud por medio del notario autorizante del instrumento público y dejar constancia en él.

Asimismo, no será necesaria la presencia del tercero neutral en el acto de otorgamiento de la escritura.

80. ¿Quién abonará los gastos de las escrituras de elevación del acuerdo a escritura pública?

Los gastos de otorgamiento de escrituras serán abonados según lo acordado por las partes. En defecto de acuerdo, serán pagados por la parte que solicite la elevación a escritura pública, sin perjuicio de la repercusión como costas que, en su caso, pudiera producirse en el proceso de ejecución de conformidad con lo establecido en la LEC teniendo la consideración de derechos arancelarios.

81. ¿El acuerdo tendrá que versar sobre la totalidad de las materias sometidas a negociación?

No, de acuerdo con el artículo 13 de la LO 1/2025, de 2 de enero, el acuerdo puede versar sobre una parte o sobre la totalidad de las materias sometidas a negociación.

82. ¿El acuerdo tendrá carácter vinculante para las partes?

Sí, el acuerdo alcanzado será vinculante para las partes y, por lo tanto, no podrán presentar una posterior demanda con igual objeto.

83. ¿Cabrá alguna acción contra lo convenido por las partes en el acuerdo?

Sí, contra lo convenido en dicho acuerdo solo podrá ejercitarse la acción de nulidad por las causas que invalidan los contratos, sin perjuicio de la oposición que pueda plantearse, en su caso, en el proceso de ejecución.

84. ¿Tendrá valor de título ejecutivo el acuerdo?

Para que tenga valor de título ejecutivo el acuerdo habrá de ser elevado a escritura pública, o ser homologado judicialmente, o bien constar en la certificación a que se refiere el artículo 103 bis de la Ley Hipotecaria, si es consecuencia de una conciliación registral.

85. ¿De qué manera intervendrá en los acuerdos el tercero neutral?

El tercero neutral tendrá eminentemente la función de revisión y de velar por que los acuerdos sean completamente informados y libres, también tendrá que verificar que todos los acuerdos estén concretados de forma clara y concisa sin que puedan dar lugar a interpretaciones confusas. Asimismo, los acuerdos tienen que ser factibles en la práctica y que no supongan riesgos secundarios ni contengan expectativas exageradas.

El tercero neutral verificará que las partes tienen que estar seguras de las decisiones que van a tomar en el acuerdo.

Por último, cabe señalar que el tercero neutral o conciliador no firmará los acuerdos, solo el acta final.

86. ¿La impugnación de un acuerdo puede dar lugar a la suspensión del proceso de ejecución?

El artículo 565 de la LEC contempla una regulación tasada sobre el alcance y la norma general sobre la suspensión. Señala al respecto que en caso de que la mediación o MASC de que se trate finalizara sin acuerdo de las partes, la suspensión se alzará a petición de cualquiera de ellas. Si las partes llegaran a un acuerdo extrajudicial por dichos medios, y este se cumpliera o determinara la innecesaria continuación del proceso de ejecución, la parte ejecutante lo pondrá en conocimiento del órgano judicial, que procederá a su archivo. Las partes podrán pedir, en todo caso, la homologación judicial del acuerdo alcanzado, que determinará igualmente el archivo del procedimiento.

87. ¿Es necesario acompañar un documento acreditativo de haber intentado un MASC o basta con una descripción del intento en los hechos de la demanda?

Con la demanda o la contestación de acuerdo con lo dispuesto en el artículo 264 de la LEC habrá de presentarse el documento que acredite haberse intentado la actividad negociadora previa a la vía judicial, cuando la ley exija dicho intento como requisito de procedibilidad, o declaración responsable de la parte de la imposibilidad de llevar a cabo la actividad negociadora previa a la vía judicial por desconocer el domicilio de la parte demandada o el medio por el que puede ser requerido.

Asimismo, de acuerdo con el apdo. 3 del artículo 399 de la LEC, habrá que hacerse constar en la demanda la descripción del proceso de negociación previo llevado a cabo o la imposibilidad del mismo, conforme a lo establecido el párrafo anterior, y se manifestarán, en su caso, los documentos que justifiquen que se ha acudido a un MASC de solución de controversias, salvo en los supuestos exceptuados en la ley sobre el requisito de procedibilidad.

9.
MEDIOS PARA ACREDITAR EL REQUISITO DE PROCEDIBILIDAD

¿Qué medios serán válidos para acreditar el requisito de procedibilidad?

El **artículo 10 de la LO 1/2025, de 2 enero**, establece que, a los efectos de acreditar que se ha intentado una actividad negociadora previa para dar cumplimiento al requisito de procedibilidad, la misma deberá ser recogida documentalmente.

El proceso negociador se iniciará con la solicitud de una de las partes dirigida a la otra para iniciar dicho proceso a través de un MASC. A continuación, se resolverán cuestiones acerca de qué medios serán admitidos y cuáles no para intentar la actividad negociadora previa.

88. ¿El e-mail está admitido para acreditar el requisito de procedibilidad?

Si atendemos a lo dispuesto en el apdo. 1 del artículo 7 de la LO 1/2025, de 2 de enero, la solicitud de una de las partes dirigida a la otra para iniciar un procedimiento de negociación a través de un medio adecuado de solución de controversias, en la que se defina adecuadamente el objeto de la negociación, interrumpirá la prescripción o suspenderá la caducidad de acciones desde la fecha en la que conste el **intento de comunicación de dicha solicitud a la otra parte en el domicilio personal o lugar de trabajo que le conste a la persona solicitante, o bien a través del medio de comunicación electrónico empleado por las partes en sus relaciones previas.**

Si bien, este artículo hace referencia a la comunicación a los efectos de interrupción de la prescripción y caducidad del procedimiento y no al cumplimiento del requisito de procedibilidad.

Por su parte, la propuesta de unificación de criterios elaborada por el letrado de la Administración de Justicia Adrián Gómez Linacero, establece, *«(...) el email debe admitirse cuando se hubiera estipulado en el contrato, aunque no sea un medio que sirva para acreditar de forma fehaciente la recepción de la propuesta inicial, así como en aquellos casos en que el requerido se de por enterado, contestando a la propuesta inicial».*

Por su parte la unificación de criterios de Zaragoza admite el correo electrónico con acuse de recibo, certificado por un prestador de servicios de confianza, al igual que en Teruel, si bien especifican en este caso que las partes deberán haber acordado previamente su uso como medio de comunicación habitual en sus operaciones.

Además, en Teruel se exige, para que se tenga cumplido el requisito de procedibilidad mediante el correo electrónico, que el mismo deberá contener una **voluntad negociadora.**

Pero **¿cómo se acreditará el intento de MASC a través del correo electrónico?** De acuerdo con la mencionada unificación de criterios de los MASC de letrados de la Administración de Justicia, **presentando el justificante de envío generado por el sistema y, si está disponible, una respuesta del destinatario que confirme la recepción del mensaje. Y, en ausencia de respuesta, el demandante debe complementar la prueba con elementos adicionales, como capturas de pantalla, confirmaciones de lectura o testimonios que evidencien la entrega efectiva.** Esta exigencia busca garantizar la fiabilidad del medio electrónico, equilibrando su flexibilidad con la necesidad de certeza procesal.

Otra cuestión, es qué se entiende por habitualidad y, la opinión mayoritaria, aboga por entender que hay habitualidad cuando al menos se han llevado a cabo tres comunicaciones a través de correo electrónico en los 6 meses anteriores a la presentación del conflicto.

A *sensu contrario*, en Logroño no se aceptará ni e-mail ni el correo certificado.

89. ¿El WhatsApp está admitido para acreditar el requisito de procedibilidad? ¿Y los SMS, audios o llamadas?

En un principio cabría entender que el WhatsApp no sería un medio válido para dar cumplimiento al requisito de procedibilidad. Así, la unificación de criterios de los partidos judiciales de Betanzos, Zamora o Alicante, entre otros, clasifican los WhatsApp como medios no válidos.

Lo mismo ocurre con los audios, las llamadas y los SMS.

90. ¿Será admitida la comunicación por burofax?

Sí, ya que a través del burofax se puede dejar constancia fehaciente de la recepción de la comunicación, fecha, contenido y puesta a disposición de la misma. Además, con respecto al burofax podemos equiparar el buro-email y las certificaciones de terceros de confianza, así como las citaciones rehusadas para actos de conciliación o mediación hechas por organismos oficiales (Colegios de Abogados, Notarios, entre otros).

91. ¿Será admitida la comunicación cuando es recogida por un tercero?

Si atendemos a lo señalado en el apdo. 3 del artículo 161 de la LEC, si en el domicilio donde se pretende practicar la comunicación fuere el lugar en el que el destinatario tenga su domicilio según el padrón municipal, o a efectos fiscales, o según registro oficial o publicaciones de colegios profesionales, o fuere la vivienda o local arrendado al demandado, y no se encontrare allí dicho destinatario, **podrá efectuarse la entrega, en sobre cerrado, a cualquier empleado, familiar o persona con la que conviva, mayor de catorce años, que se encuentre en ese lugar, o al conserje de la finca, si lo tuviere, advirtiendo al receptor que está obligado a entregar la copia de la resolución o la cédula al destinatario de ésta, o a darle aviso, si sabe su paradero, advirtiendo en todo caso al receptor de su responsabilidad en relación a la protección de los datos del destinatario.**

Si la comunicación se dirigiere al lugar de trabajo no ocasional del destinatario, en ausencia de este, la entrega se efectuará a persona que manifieste conocer a aquel o, si existiere dependencia encargada de recibir documentos u objetos, a quien estuviere a cargo de ella, con las mismas advertencias del párrafo anterior.

En la diligencia se hará constar el nombre de la persona destinataria de la comunicación y la fecha y la hora en la que fue buscada y no encontrada en su domicilio, así como el nombre de la persona que recibe la copia de la resolución o la cédula y la relación de dicha persona con el destinatario, produciendo todos sus efectos la comunicación así realizada.

92. ¿Se admitirá el correo postal certificado?

Es una opinión generalmente unánime que el correo postal certificado podrá ser admitido cuando se adjunta el pantallazo de la certificación para acreditar la recepción, la no recepción o que se desconoce dónde encontrar al destinatario pero a esto habrá que añadir una declaración responsable que la ley establece únicamente para aquellos supuestos en los que habiendo existido un procedimiento negociador una de las partes se niegue a firmar, si bien algunas juntas de jueces han acordado que puede permitirse la utilización de esta declaración responsable para aquellos supuestos en los cuales el intento de negociación previa no ha podido llegar a la otra parte o bien, cuando no se tenga el domicilio conocido.

En el mismo sentido Zaragoza también entiende que habrá que aportar necesariamente el documento acreditativo de destinatario desconocido junto con la correspondiente declaración responsable.

93. ¿La certificación registral está admitida para acreditar el requisito de procedibilidad?

Sí, y el artículo 429 de la LEC lo deja claro, si el procedimiento seguido para alcanzar el acuerdo fuere una conciliación ante notario o registrador, se acreditará mediante la escritura o certificación registral, **sin que sea precisa la homologación judicial.**

94. ¿Un acta notarial está admitida para acreditar el requisito de procedibilidad?

Ocurre lo mismo que con la certificación registral, de acuerdo con el artículo 429 de la LEC si el procedimiento seguido para alcanzar el acuerdo fuere una conciliación ante notario o registrador, se acreditará mediante la escritura o certificación registral, sin que sea precisa la homologación judicial.

De igual manera ocurre con la certificación del letrado o letrada de la Administración de Justicia y juez/a de paz en los casos de conciliación y la certificación del mediador o mediadora.

95. ¿Cómo adquiere el acuerdo eficacia ejecutiva?

De acuerdo con el apdo. 2 del **artículo 13 de la LO 1/2025, de 2 de enero,** para que tenga valor de título ejecutivo el acuerdo habrá de ser elevado a escritura pública, o ser homologado judicialmente cuando proceda, o bien constar en certificación si es consecuencia de una conciliación registral. Asimismo, los acuerdos para que tengan eficacia ejecutiva también deben tener obligaciones recíprocas ya que las meras declaraciones de hecho no tienen eficacia ejecutiva.

96. Anotación preventiva de inicio del MASC ¿debe solicitarse esta medida cautelar siempre al juez o es posible que las partes acudan de mutuo acuerdo a solicitar la anotación preventiva?

En principio, no tendría sentido que los MASC traten de evitar la vía judicial y, sin embargo, se exija acudir al juez para que se anote preventivamente el inicio del MASC.

97. ¿Qué ocurre en los supuestos en que se alegue la imposibilidad de realizar el MASC previo?

Por ejemplo, en los casos en los que no se conozca el domicilio de la parte demandada o bien los medios de contacto por los que puede ser requerida, en este caso los letrados y letradas de la Administración de Justicia exigirán una declaración responsable de acuerdo con el apdo. 4 del artículo 264 de la LEC, esta declaración responsable deberá acreditar la imposibilidad de llevar a cabo la actividad negociadora previa a la vía judicial.

Si bien, la parte actora tendrá que acreditar en la posterior demanda que utilizó todos los medios necesarios para intentar ponerse en contacto con la parte contraria.

Pero ¿qué debemos de entender por utilizar todos los medios necesarios? Deben considerarse suficientes y razonables los intentos de la parte demandante para acreditar los intentos de MASC incluso si no hubiera contestación, pues de otra forma, podría desprotegerse a la parte demandante de las propias actuaciones dilatorias u obstruccionistas por la parte requerida.

10.
COSTAS Y HONORARIOS EN LOS MASC

Regulación en materia de costas y honorarios en los MASC

En materia de costas procesales se realizan varias modificaciones, así, se suprime la condena en costas en el incidente de impugnación de la tasación de costas por excesivas, salvo en los casos de abuso del servicio público de Justicia.

También, se introduce una nueva regulación de costas en el incidente de acumulación de procesos eliminando el criterio de vencimiento objetivo para su imposición, dando de esta manera la entrada a un criterio ponderador de la buena o mala fe procesal, así, de esta manera, se favorecerá la solicitud de eventuales acumulaciones en aras de una mejor garantía del principio de economía procesal.

Seguidamente se dará respuesta a cuestiones de interés sobre las novedades introducidas por la **LO 1/2025, de 2 de enero**, en materia de costas y honorarios en los MASC.

98. ¿Qué es el abuso del servicio público de Justicia?

El concepto de abuso del servicio público de Justicia es introducido en primer lugar y con carácter general por el **apdo.** **4 del artículo 7 de la LO 1/2025, de 2 de enero**, por lo tanto, si se iniciara un proceso judicial con el mismo objeto que el de la previa actividad negociadora intentada sin acuerdo, los tribunales deberán tener en consideración la colaboración de las partes respecto a la solución consensuada y el eventual abuso del servicio público de Justicia al pronunciarse sobre las costas o en su tasación, y asimismo para la imposición de multas o sanciones previstas, todo ello en los términos establecidos en la LEC.

Por lo tanto, el concepto de abuso del servicio público de la justicia **es una excepción al principio de vencimiento** y a la vez un principio informador de los criterios de imposición y tasación de costas, siendo por tanto un complemento a los conceptos ya existentes en nuestro ordenamiento como la temeridad, de abuso de derecho y la mala fe procesal, ofreciendo, de esta manera, una dimensión de la Justicia como servicio público al exigir una valoración, por parte de los tribunales, de la conducta de las partes previa al procedimiento, en la consecución de una solución negociada.

De acuerdo con la exposición de motivos de la **LO 1/2025, de 2 de enero**, este abuso puede ejemplificarse, en la **utilización irresponsable del derecho fundamental de acceso a los tribunales recurriendo injustificadamente a la jurisdicción cuando hubiera sido factible y evidente una solución consensuada de la controversia**, por ejemplo, en situaciones donde ya existe una jurisprudencia uniforme.

Pese a que la **LO 1/2025, de 2 de enero**, introduce como novedad este concepto, el TS en sus **sentencias n.º 1715/2024, de 20 de diciembre, ECLI:ES:TS:2024:6173** y la **n.º 191/2025, de 6 de febrero, ECLI:ES:TS:2025:548**, ya se refirió al concepto de «abuso del proceso».

99. ¿La estimación o desestimación parcial genera pronunciamiento en costas?

Sí, de acuerdo con el apdo. 2 del artículo 394 de la LEC donde se establece que, **si fuere parcial la estimación o** desestimación de las pretensiones, cada parte abonará las costas causadas a su instancia y las comunes por mitad, a no ser que hubiere méritos para imponerlas a una de ellas por haber litigado con temeridad.

No obstante, si alguna de las partes no hubiere acudido, sin causa que lo justifique, a un medio adecuado de solución de controversias, cuando fuera legalmente preceptivo o así lo hubiera acordado el juez, la jueza o el tribunal o el letrado o letrada de la Administración de Justicia durante el proceso, se le podrá condenar al pago de las costas, en decisión debidamente motivada, aun cuando la estimación de la demanda sea parcial.

100. Si la parte requerida para iniciar una actividad negociadora previa tendente a evitar un procedimiento judicial hubiera rehusado intervenir en la misma, ¿qué ocurrirá en cuanto a las costas?

En este caso, la parte requirente quedará exenta de la condena de costas, excepto que se aprecie un abuso del servicio público de Justicia, de acuerdo con el apdo. 4 del artículo 394 de la LEC.

101. ¿Podrá existir un pronunciamiento en costas a favor de la parte que haya rehusado participar en un MASC?

La respuesta ha de ser negativa, pues si la participación en un MASC es legalmente perceptiva, o bien se hubiera acordado previa conformidad de las partes, por el juez, la jueza, el tribunal o el letrado o letrada de la Administración de Justicia durante el curso del proceso, no habrá pronunciamiento en costas a favor de la parte que rehusó expresamente o por actos concluyentes, y todo ello sin justa causa, participar en un MASC al que haya sido efectivamente convocada (art. 394.1 de la LEC).

Lo anterior responde al principio de vencimiento objetivo en costas que sanciona a aquellas partes que hubieran rehusado injustificadamente acudir a un MASC cuando este fuera preceptivo.

No obstante, a pesar de que la estimación o desestimación íntegra en este momento puede que no conlleve la imposición de costas, habrá que tener en cuenta cuál ha sido el comportamiento en el MASC de las partes. Si bien, el problema puede surgir al ser el contenido del MASC confidencial, ya que juez o la jueza no tendrá, en principio, conocimiento del contenido del mismo.

102. Si la parte requerida en un MASC no se ha presentado al mismo, pero luego es la vencedora del procedimiento judicial, ¿qué ocurrirá con respecto al pronunciamiento en cosas?

En primer lugar, tenemos que tener en cuenta que **la rebeldía extrajudicial no conlleva la rebeldía judicial**. Y, a modo de ejemplo, pongámonos en el caso de que una persona requiere a otra a un MASC al que la persona requerida no acude ni da respuesta al entender que dicha pretensión no tiene fundamento alguno. Posteriormente el requirente presenta la demanda y se inicia el correspondiente procedimiento judicial del que resulta vencido, y la persona requerida al MASC, ahora demandada, resulta vencedora por no tener fundamento la demanda.

Pues bien, podemos entender que el anterior caso se enmarcaría en el apdo. 4 del artículo 394 de la LEC, ya que podría entenderse que la parte requirente y posteriormente demandante ha actuado ejerciendo un abuso del servicio público de Justicia y por tanto debe ser condenada en costas:

«Si la parte requerida para iniciar una actividad negociadora previa tendente a evitar el proceso judicial hubiese rehusado intervenir en la misma, la parte requirente quedará exenta de la condena en costas, salvo que se aprecie un abuso del servicio público de Justicia».

103. ¿Los costes del MASC podrán incluirse en la tasación de costas?

No. Los gastos del proceso se incluyen en el artículo 241 de la LEC y son los siguientes:

- Honorarios de la defensa y de la representación técnica cuando sean preceptivas.

- Inserción de anuncios o edictos que de forma obligada deban publicarse en el curso del proceso.
- Depósitos necesarios para la presentación de recursos.
- Derechos de peritos y demás abonos que tengan que realizarse a personas que hayan intervenido en el proceso.
- Copias, certificaciones, notas, testimonios y documentos análogos que hayan de solicitarse conforme a la ley, salvo los que se reclamen por el tribunal a registros y protocolos públicos, que serán gratuitos.
- Derechos arancelarios que deban abonarse como consecuencia de actuaciones necesarias para el desarrollo del proceso.
- La tasa por el ejercicio de la potestad jurisdiccional, cuando sea preceptiva. No se incluirá en las costas del proceso el importe de la tasa abonada en los procesos de ejecución de las hipotecas constituidas para la adquisición de vivienda habitual. Tampoco se incluirá en los demás procesos de ejecución derivados de dichos préstamos o créditos hipotecarios cuando se dirijan contra el propio ejecutado o contra los avalistas.

El citado artículo no ha sido objeto de modificación por parte de la **LO 1/2025, de 2 de enero**, por tanto el coste que haya supuesto la realización del MASC, aunque el mismo haya sido preceptivo, no podrá incluirse en la correspondiente tasación de costas.

Asimismo, el propio art. 241.1.6° de la LEC hace referencia a actuaciones necesarias para el desarrollo del proceso y no para su iniciación.

104. En los procedimientos en que no sea preceptiva la intervención de abogado/a y procurador/a, en caso de intervenir un perito, ¿podrán incluirse los gastos del perito en la tasación de costas?

Sí, ya que el artículo 32.5 de la LEC no hace referencia a los peritos, ni en la regla general ni en las excepciones, por lo tanto, en los procedimientos judiciales inferiores a 2.000 euros sí que deben incluirse sus honorarios en la tasación.

105. ¿Qué ocurre cuando la parte beneficiada en costas es beneficiaria de justicia gratuita?

Como novedad la **LO 1/2025, de 2 de enero**, añadió al apdo. 3 del artículo 394 de la LEC, que cuando la parte beneficiada en costas sea titular del derecho de asistencia de jurídica gratuita, las costas deberán ser abonadas directamente a las personas profesionales que se hayan designado para su representación y dirección jurídica, que además estarán obligadas a devolver las cantidades eventualmente percibidas con cargo a fondos públicos por su intervención en el proceso.

106. ¿Me condenarán en costas en caso de allanamiento si no acudo al MASC?

En principio, en el caso de allanarse a la demanda antes de contestarla, no procederá la imposición de costas, salvo que el tribunal razonándolo debidamente, aprecie mala fe en su conducta o abuso del servicio público de Justicia.

Pero **¿cuándo se entenderá que existe mala fe?** A estos efectos cuando antes de presentada la demanda, se hubiera requerido al demandado para el cumplimiento de la obligación de forma fehaciente y justificada, o cuando hubiera rechazado el acuerdo ofrecido o la participación en un MASC.

Por lo tanto, cuando la parte demandada no acuda, sin causa justificada, a un MASC, cuando este fuera preceptivo o así lo hubiera acordado el juez, la jueza, el tribunal o el letrado o letrada de la Administración de Justicia durante el proceso, y luego esta parte demandada se allanare a la demanda, se le condenará en costas, salvo que el tribunal, en una decisión debidamente motivada, aprecie circunstancias excepcionales para no imponérselas.

107. ¿En qué consiste el nuevo incidente de exoneración y moderación de costas?

La LO 1/2025, 2 de enero, ha introducido un nuevo incidente de exoneración y moderación de costas. El mismo se encuentra regulado en el apdo. 5 del artículo 245 de la LEC.

En un plazo común de 10 días, la parte condenada al pago de las costas podrá solicitar la exoneración de su pago o la moderación de su cuantía cuando:

- Hubiera formulado una propuesta a la parte contraria en cualquiera de los MASC al que hubiera acudido.
- La propuesta del MASC no hubiera sido aceptada por la parte requerida.
- La resolución judicial que ponga término al procedimiento sea sustancialmente coincidente con el contenido de dicha propuesta.
- Cuando se dé un rechazo injustificado de la citada propuesta que hubiera formulado un tercero neutral, cuando la sentencia recaída en el proceso sea sustancialmente coincidente con la citada propuesta.

En cuanto a la solicitud de la exoneración o modificación deberá ir acompañada de la documentación íntegra referida a la propuesta formulada, que en este momento procesal y a estos efectos, estará dispensada de confidencialidad.

Pero **¿qué ocurrirá en caso de no acompañar dicha documentación?** El letrado o letrada de la Administración de Justicia, mediante decreto, inadmitirá a trámite la solicitud. Frente a este decreto cabrá interponer únicamente recurso de revisión.

108. ¿Cómo se llevará a cabo la tramitación del incidente de exoneración y moderación de costas?

La tramitación de este incidente se encuentra regulada en el nuevo art. 245 bis de la LEC.

En caso de solicitar por la parte condenada al pago de las costas la exoneración o moderación de la cuantía, el letrado o letrada de la Administración de Justicia **dará traslado a la otra parte por 3 días** para que se pronuncie sobre dicha solicitud.

- **La parte favorecida por la condena acepta la exoneración o reducción de costas solicitada por la parte contraria:** el letrado o letrada de la Administración de Justicia dictará decreto fijando la cantidad debida en los términos de la solicitud. Se entenderá en este caso que presta su conformidad a la solicitud si deja pasar el plazo sin evacuar el traslado.

Contra el citado decreto cabe recurso de revisión.

- **La parte favorecida por la condena no acepta la exoneración o reducción de costas solicitada por la parte contraria:** se resolverá por el tribunal si son o no procedentes en la cuantía tasada, mediante un auto sin condena en costas. Si se considerara procedente una reducción, el auto deberá indicar el porcentaje concreto y las partidas objeto de la misma.

Contra el citado auto cabrá interponer recurso de reposición.

Por último, una vez firme la resolución que hubiera denegado la exoneración o reducción, así como la que hubiera reducido la cuantía de las costas, se procederá a tramitar la impugnación de la tasación de costas por excesivas o indebidas de acuerdo con el art. 246 de la LEC.

ANEXO.
EJEMPLOS REALES CON EL SOFTWARE DE SUDESPACHO.NET

1.
CREACIÓN DEL EXPEDIENTE

Paso 1: Creamos el expediente Extrajudicial

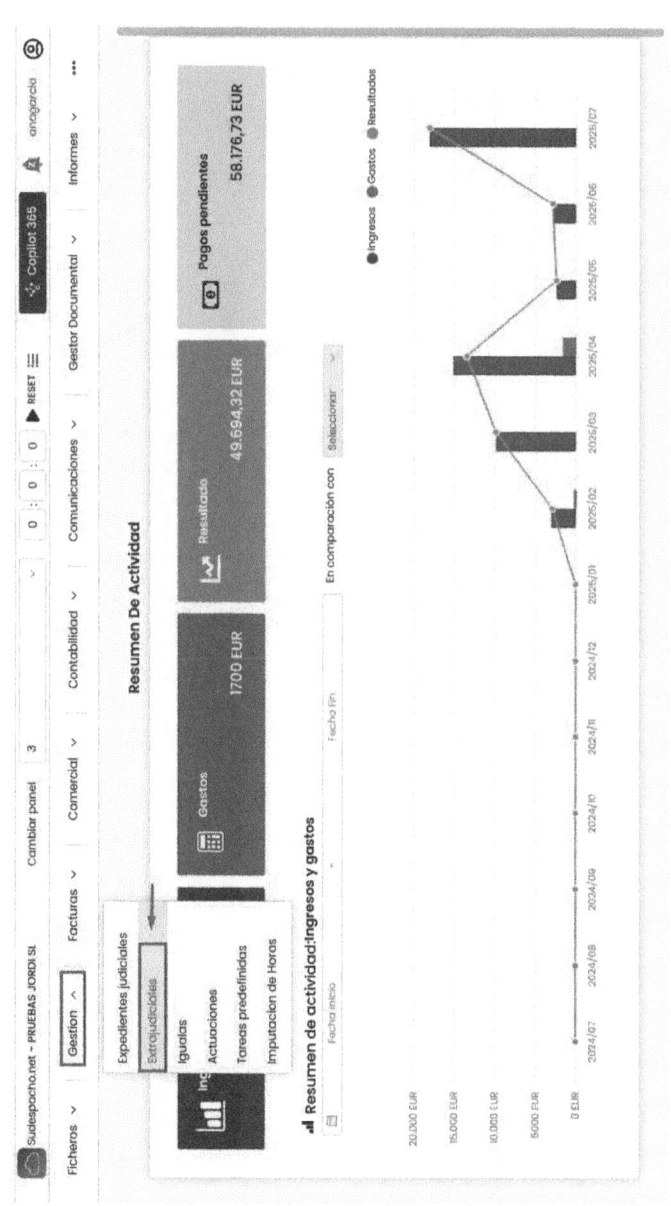

Paso 2: Expedientes Extrajudiciales – Seleccionamos – Nuevo

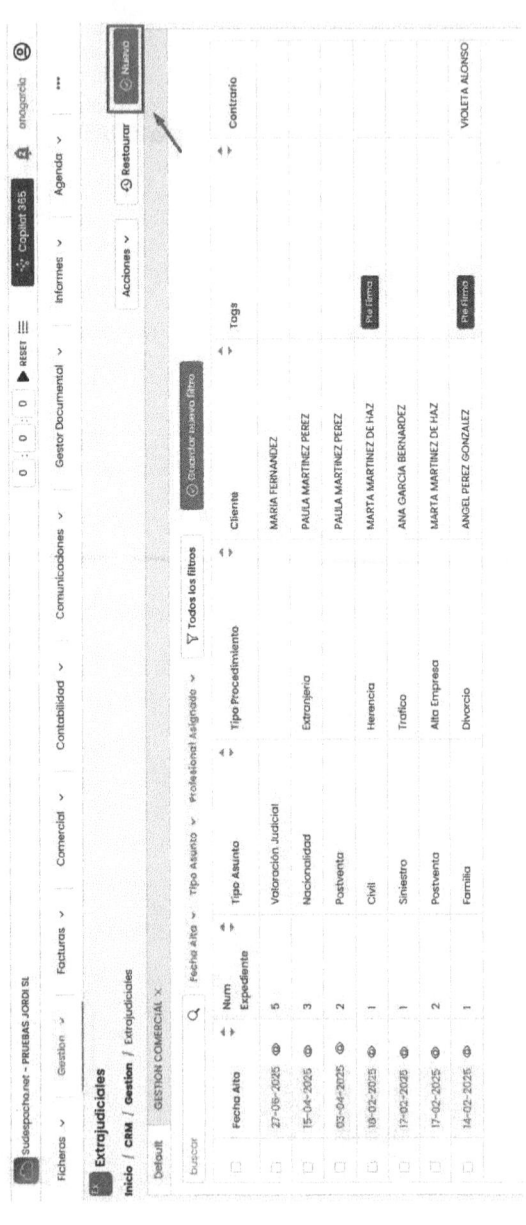

Paso 3:   Crear Elemento Extrajudiciales

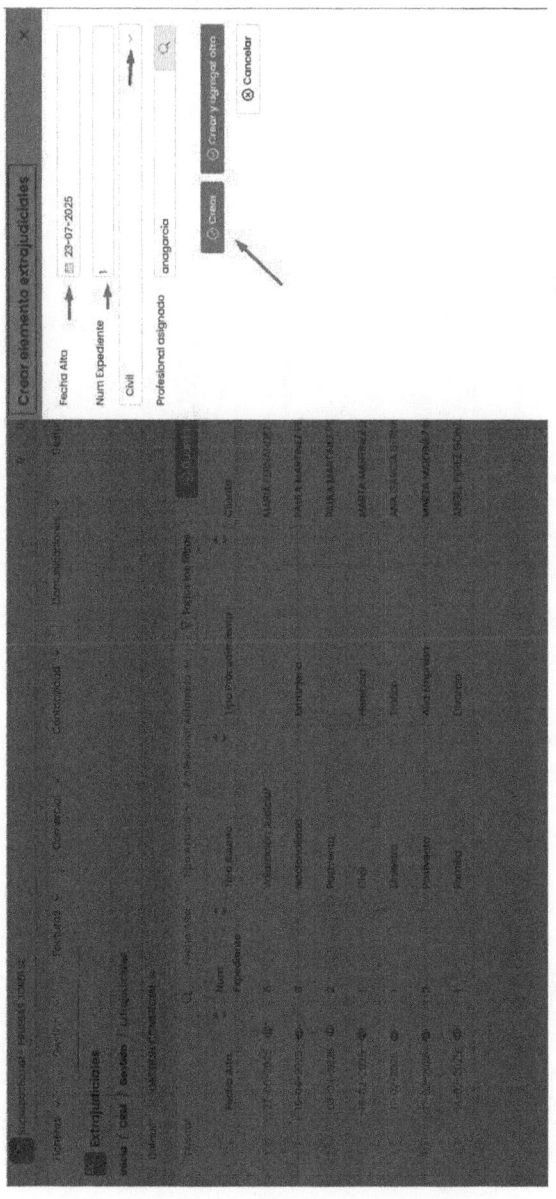

Paso 4: **Completamos los Datos Básicos del Expediente Extrajudicial etiquetando el expediente como «Expediente con intento MASC»**

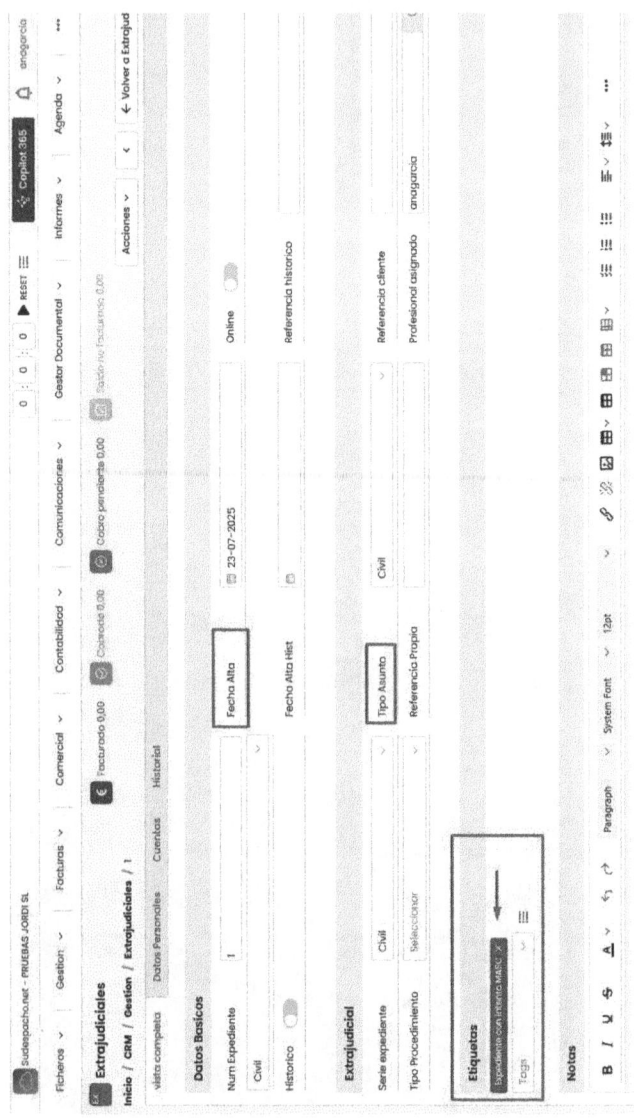

Paso 5: **Añadimos en Datos Personales los Intervinientes - Cliente**

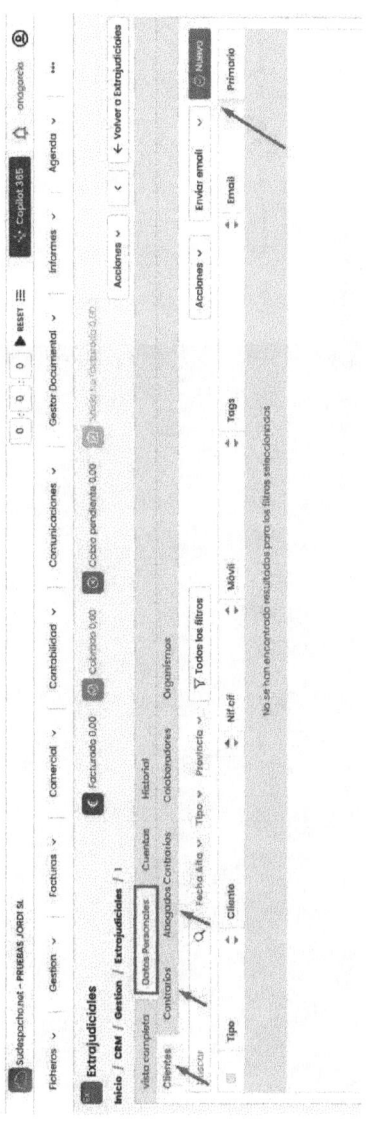

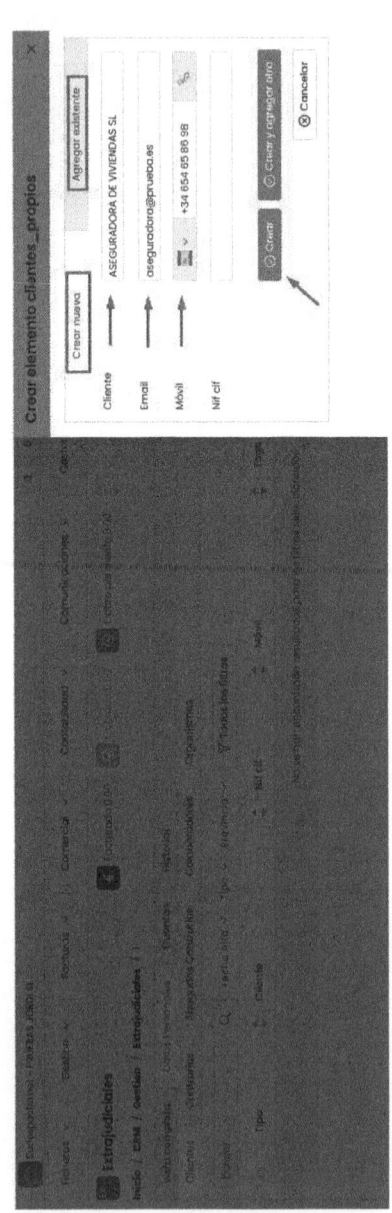

Paso 6: Añadimos en Datos Personales los Intervinientes – Contrario

2.
REGISTRO DEL TRABAJO MASC

Paso 1: **Añadir un trabajo/tarea tipo**
Dentro del Expediente Extrajudicial – accedemos
Historial – Actuaciones – Alta

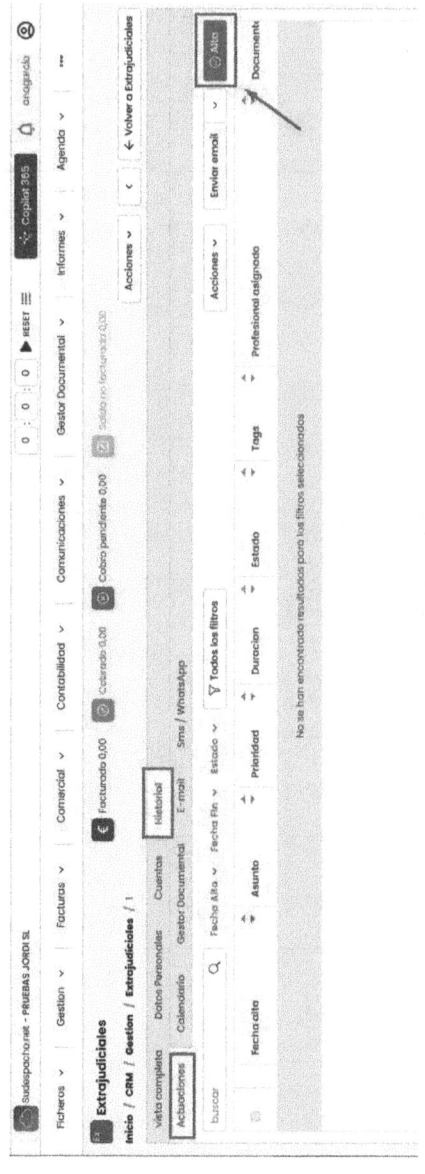

Paso 2: Cumplimentamos datos de la Actuación

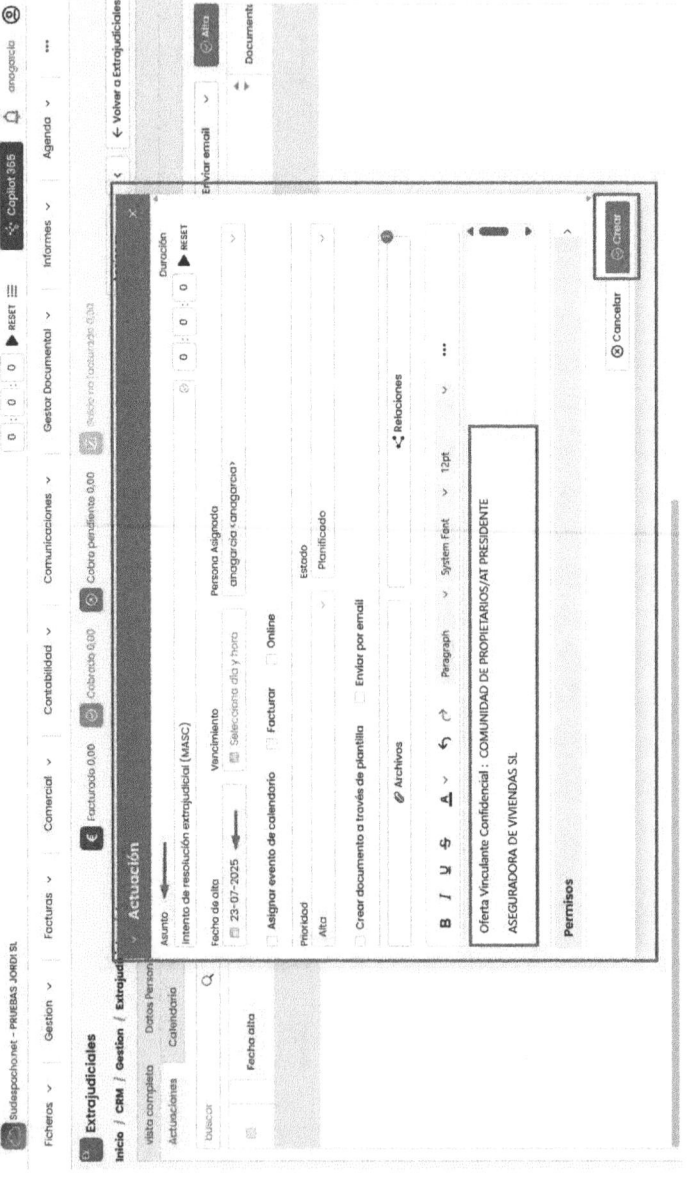

3.
GENERACIÓN DEL DOCUMENTO

Paso 1: Historial – Gestor Documental – Creamos Documento o Adjuntar documento

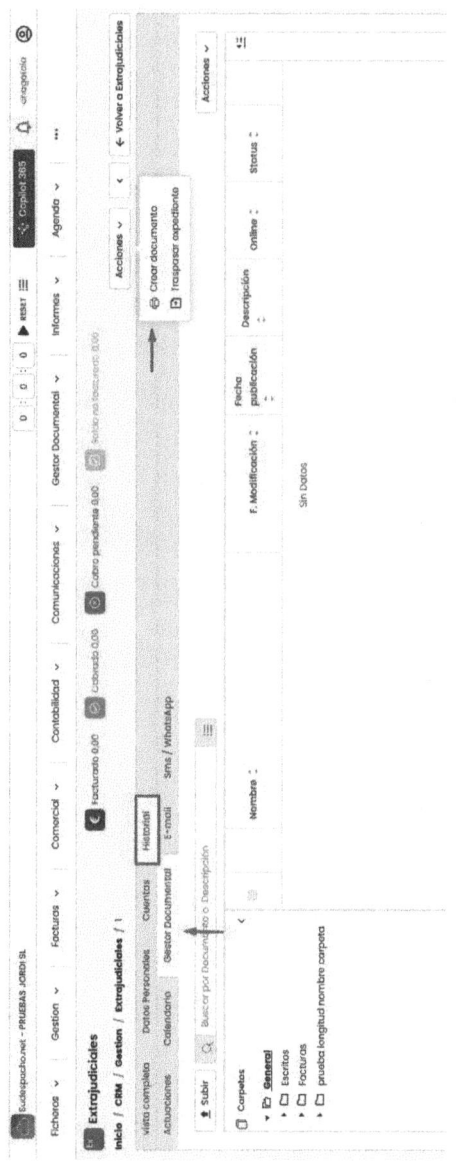

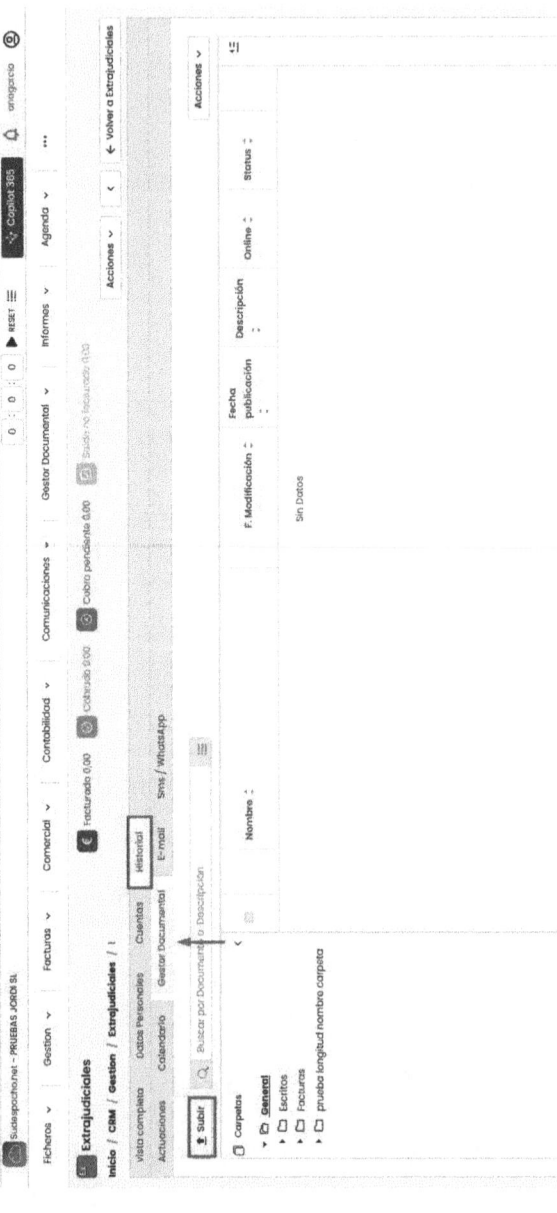

Paso 2: Seleccionamos Plantilla

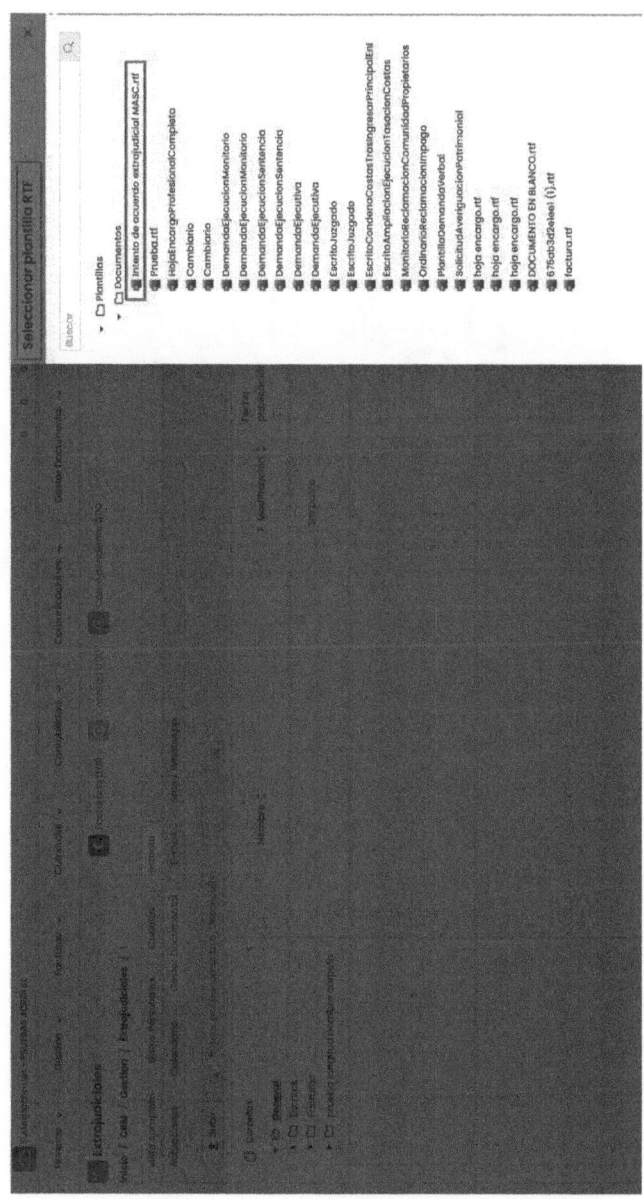

Documento Creado

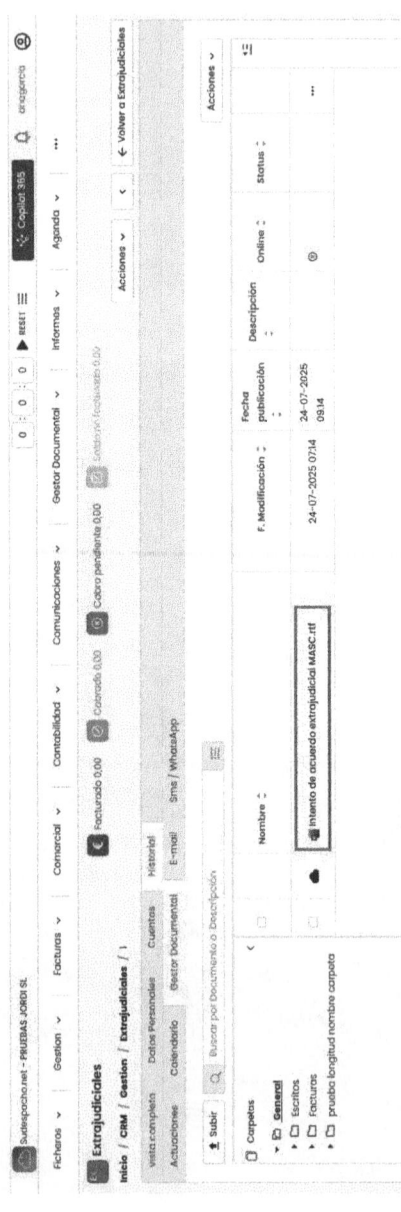

Visualizamos el Documento

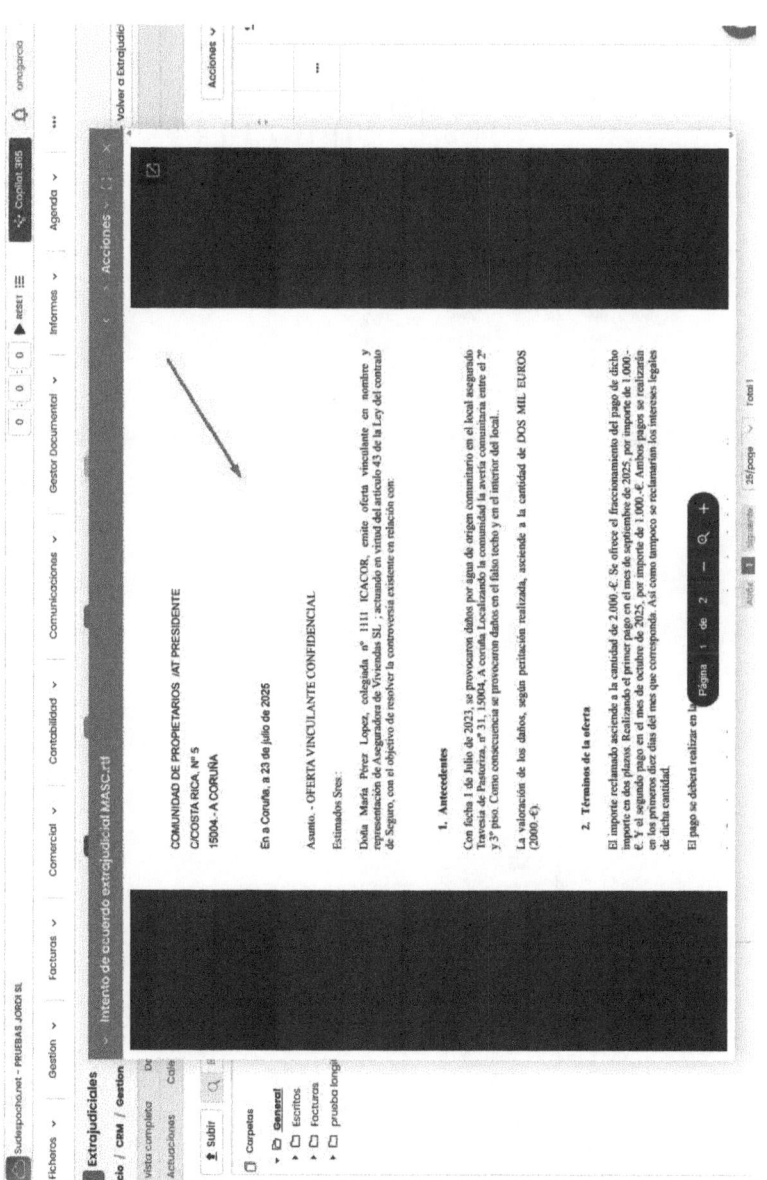

Convertir documento a Pdf

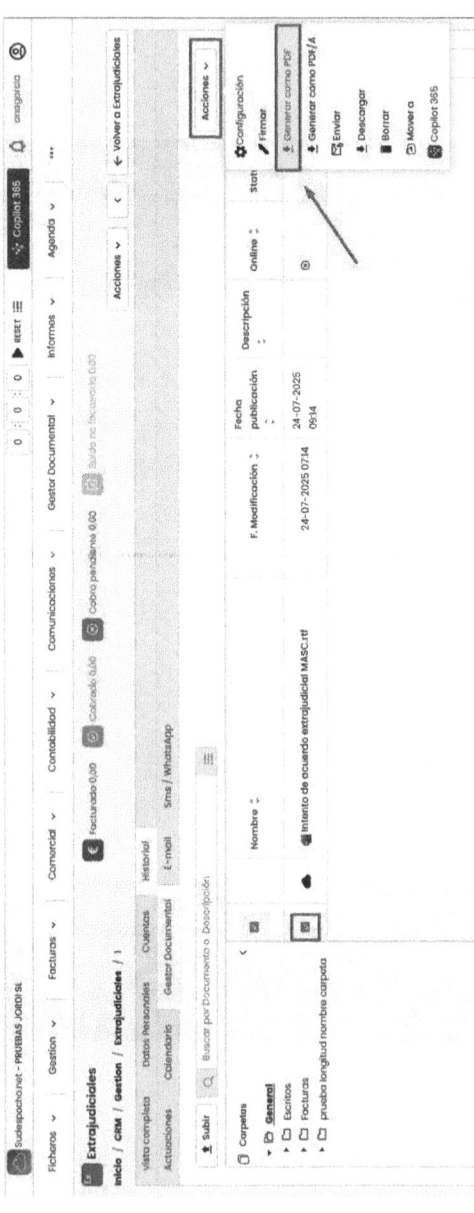

Documento convertido a Pdf

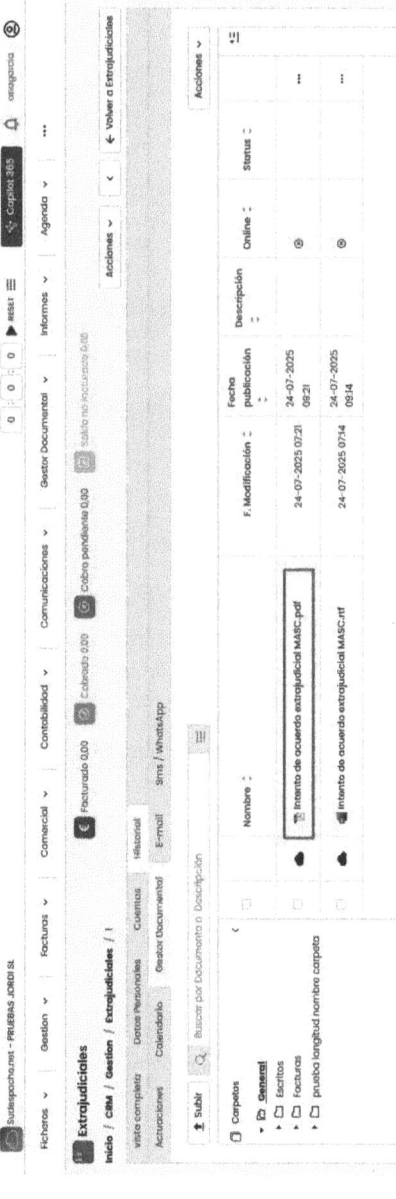

135

4.
PROCESO DE FIRMA CON VIDSIGNER

Seleccionamos documento que se va a enviar para firma

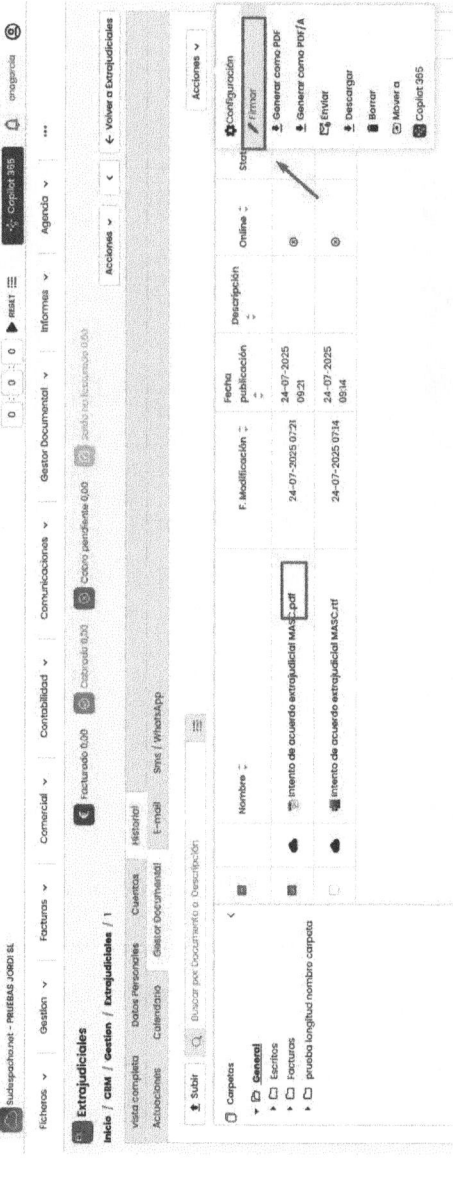

Cumplimentamos datos para firma

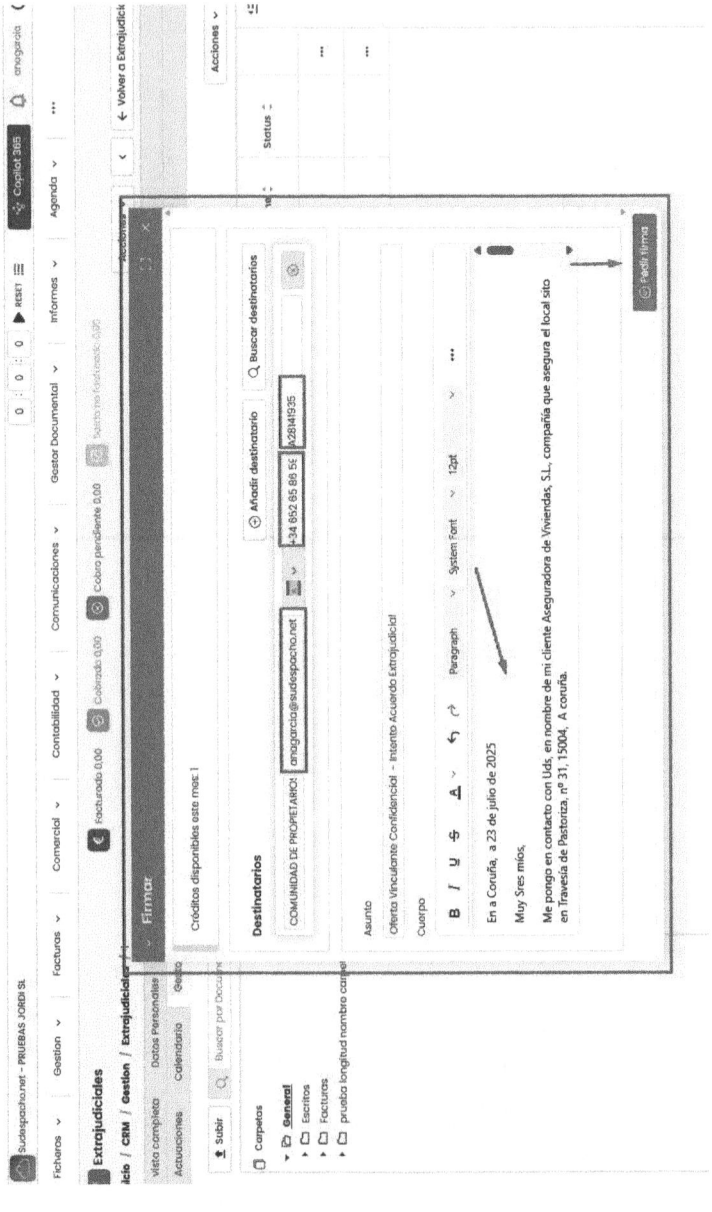

Firma del documento

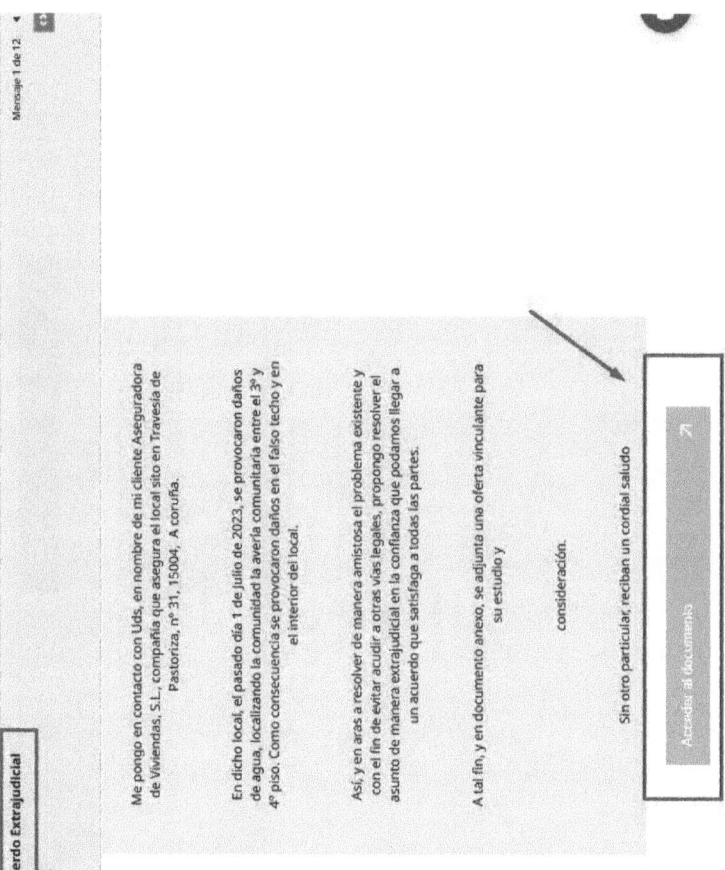

Firmamos o rechazamos firma:

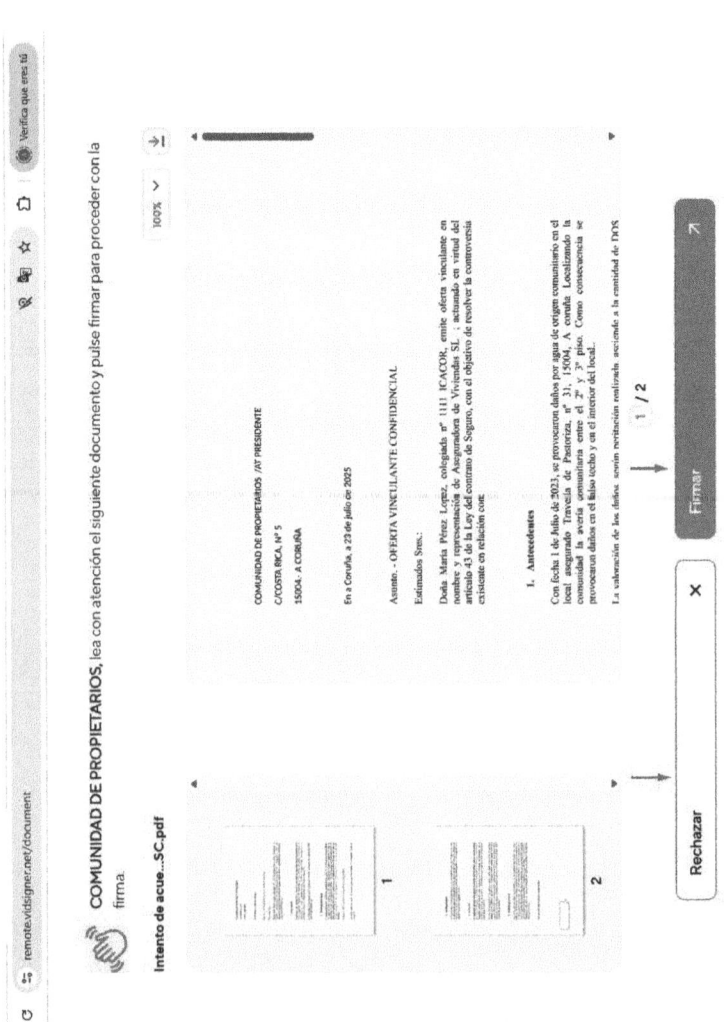

Introducimos código y pinchamos en firmar

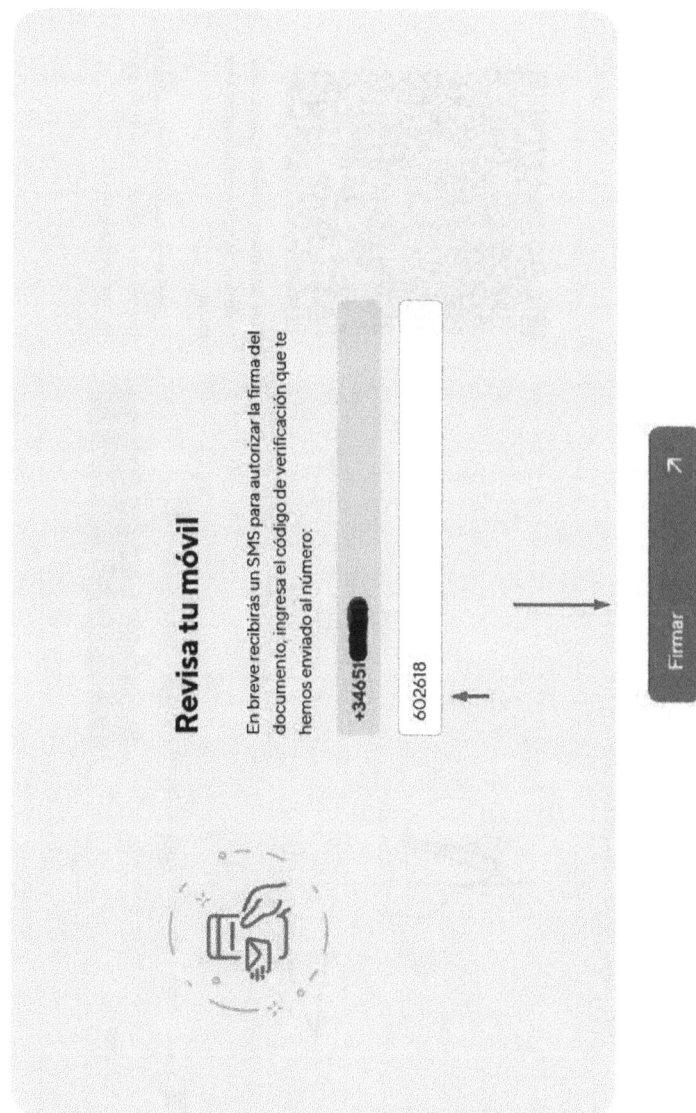

Revisa tu móvil

En breve recibirás un SMS para autorizar la firma del documento, ingresa el código de verificación que te hemos enviado al número:

+3465ⁱ

6O2618

Firmar

Introducimos la firma y pinchamos en FINALIZAR:

Para una mejor experiencia puedes realizar la firma desde tu dispositivo móvil.

Puedes escanearlo desde la cámara de tu teléfono o desde una aplicación de lectura de códigos QR

Dibuja tu firma aquí
Para mayor facilidad puedes escanear el código QR

Sí, acepto el tratamiento de mis datos personales Más información

Finalizar

Borrar

CONFIRMACIÓN FIRMA: confirmación que recibe el despacho indicando que la parte contraria ha aceptado el acuerdo – Oferta Vinculante

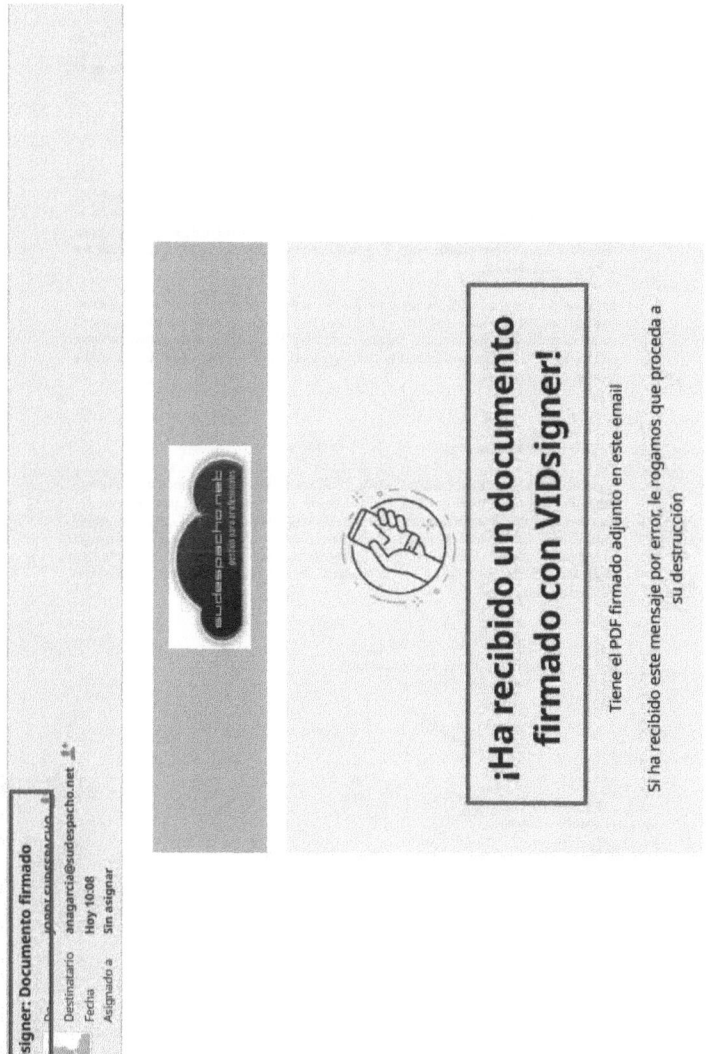

Documento firmado vista firma en documento

Esta oferta tiene carácter confidencial y su contenido no podrá ser divulgado a terceros ni utilizado en perjuicio de ninguna de las partes en caso de que no se alcance un acuerdo y se inicie un procedimiento judicial, de conformidad con lo dispuesto en el artículo 9 de la Ley Orgánica 1/2025.

4. Aceptación

La aceptación de esta oferta deberá ser expresa e irrevocable, y deberá ser comunicada por escrito a esta parte en el plazo indicado en el punto 2. La forma de remisión de la aceptación deberá permitir dejar constancia de la identidad del aceptante, de su recepción efectiva por nuestra parte y de la fecha en que se produce dicha recepción, así como de su contenido.

En caso de aceptación de la presente oferta, ambas partes suscribirán el oportuno acuerdo en los términos del art. 12.1 LOMESPJ. Dicho acuerdo podrá elevarse a escritura pública de forma unilateral por cualquiera de las partes, o de mutuo acuerdo, corriendo, en ambos casos, los gastos notariales y posteriores registrales o de otra índole a cargo del solicitante.

5. Rechazo de la oferta

En caso de que esta oferta sea rechazada, o no sea aceptada expresamente en el plazo indicado, decaerá automáticamente, quedando mi cliente en libertad para ejercitar las acciones que le correspondan ante el tribunal competente, habiendo cumplido, en su caso, el requisito de procedibilidad para la interposición de la correspondiente demanda en vía jurisdiccional de conformidad a lo dispuesto en los artículos 5.1 y 17 de la Ley Orgánica 1/2025, de 2 de enero, de medidas en materia de eficiencia del Servicio Público de Justicia

Sin otro particular, reciban un cordial saludo

ViDsigner code: D06C4OF3871F454593...

COMUNIDAD DE PROPIETARIOS

146

DOCUMENTO FIRMADO :
Vista confirmación de la firma en el CRM

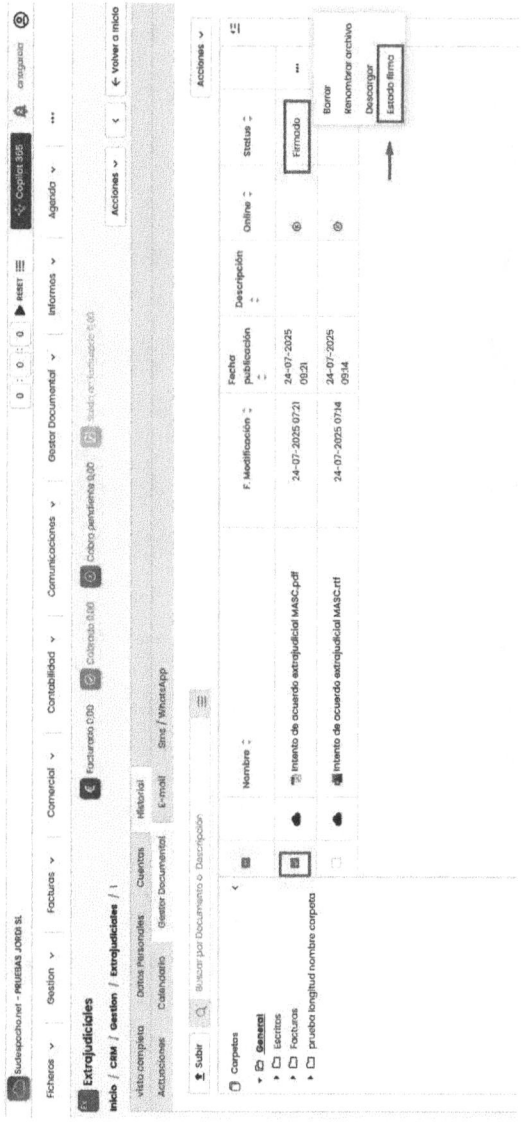

Estado de firma: vista estado firma en CRM

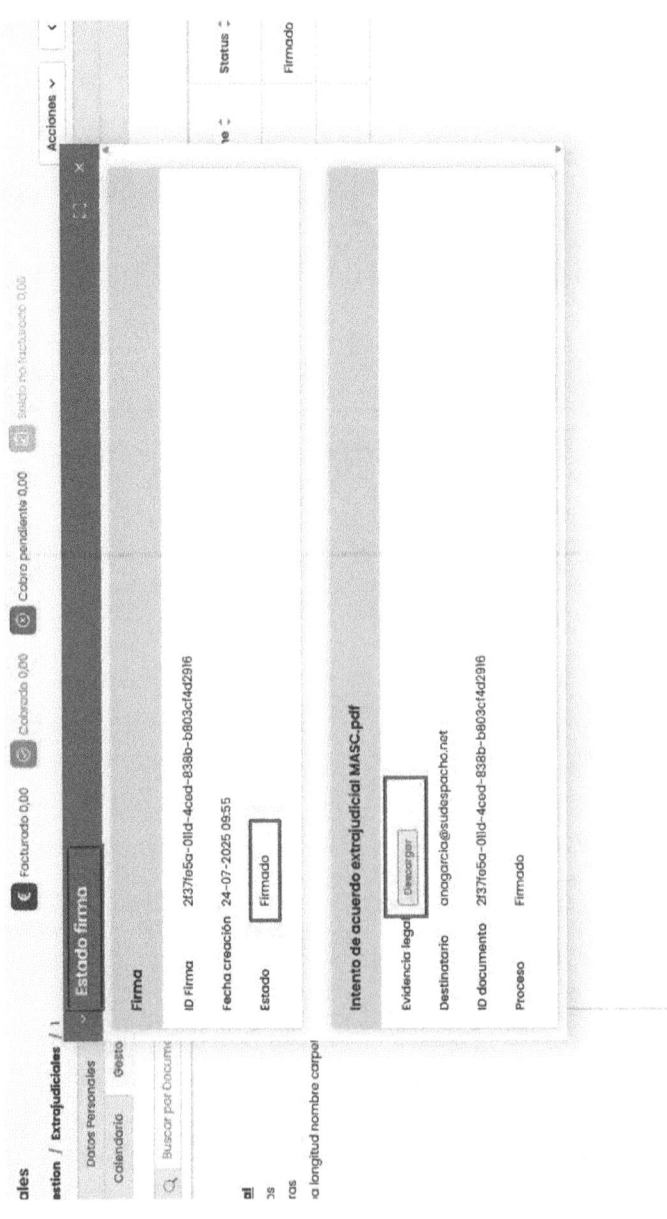

Vista Evidencia Legal

CERTIFICA

Que los documentos firmados con VIDsigner constituyen un medio de prueba válido para demostrar la efectiva manifestación de la voluntad de los firmantes, cumpliendo con todos los requerimientos necesarios para garantizar la seguridad general del sistema y su adecuación al ordenamiento jurídico aplicable asegurando las siguientes evidencias del proceso.

Información del documento

Emisor: JORDI SUDESPACHO

Documento: Intento de acuerdo extrajudicial MASC.pdf

Hash (sha512): 643D6707C5C8B43E18ED1B5C26CAD913A4D64FEB0C598E71ED6F91E80B8E41401 49B0F5E7215458C8B6D9674B986885E40A3BC95524E7BD6951EC771D0D8AF918

Id de vidsigner: 2f37fe5a-011d-4ced-838b-b803d4d2916

Estado: Firmado

Páginas: 2

Fecha del informe: 24/07/2025 08:08:34 UTC

Fecha de envío: 24/07/2025 07:55:40 UTC

Fecha de expiración: 22/09/2025 07:55:40 UTC

Evidencias del proceso

Datos del firmante

Nombre: COMUNIDAD DE PROPIETARIOS (Introducido por el emisor)

NIF: A28141935 (Introducido por el emisor)

Correo electrónico: anagarcia@sudespacho.net

Teléfono: +34651503515 (Introducido por el emisor)

Idioma: es

Código vidsigner: d06c40f3-871f-4545-93e6-c887a4f28ef42

Estado: Firmado

Fecha de operación: 24/07/2025 08:08:30 UTC

Canal de firma: REMOTE

Información del correo electrónico

149

Documento Rechazado

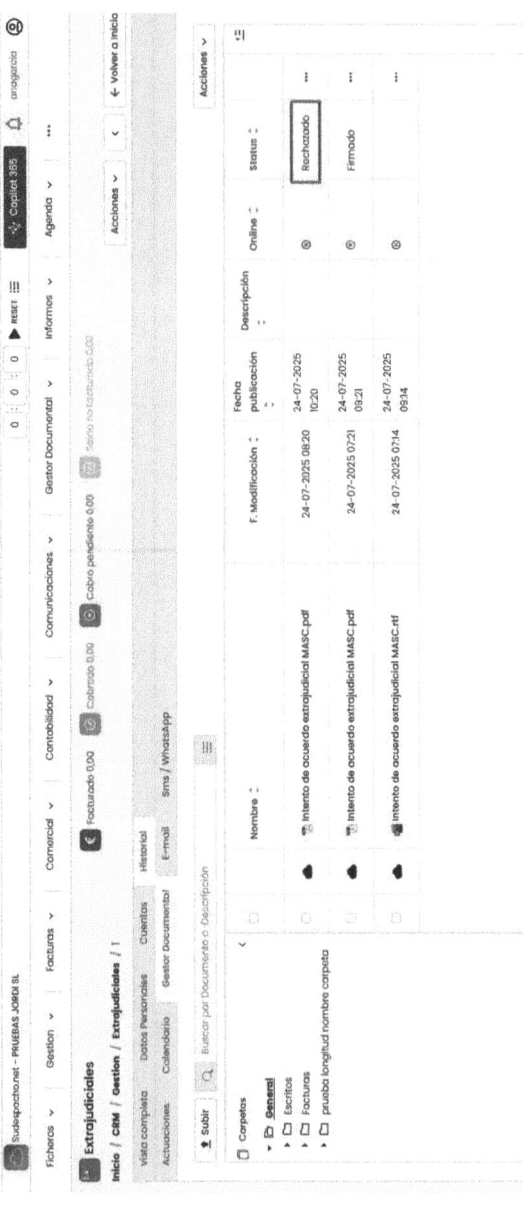

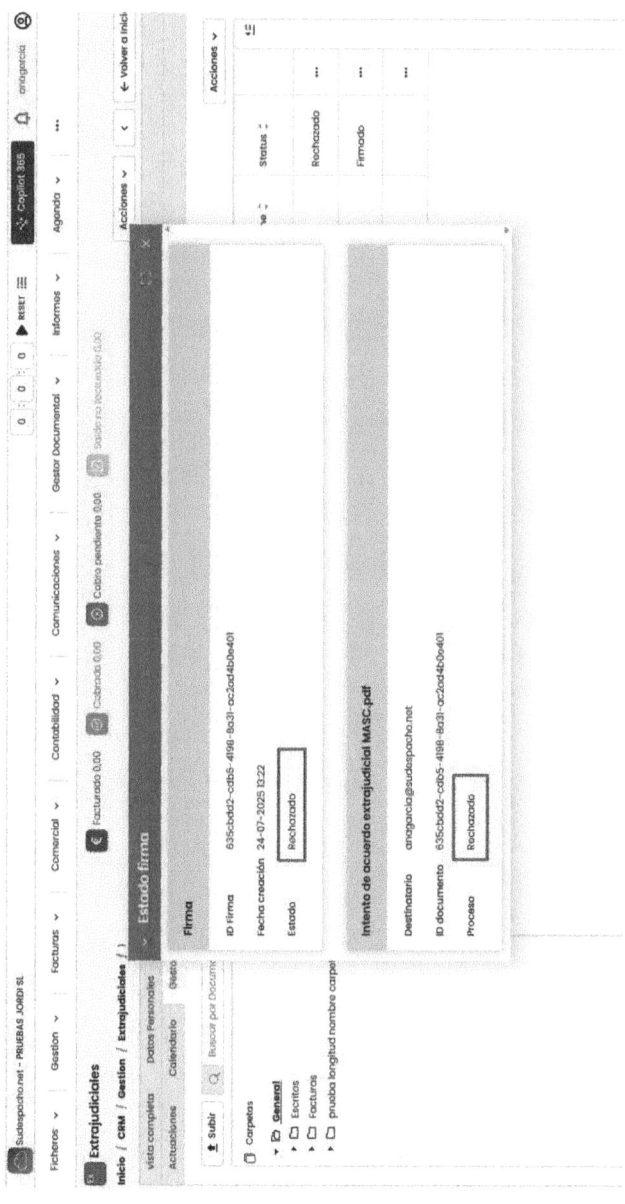

5.
PROCESO DE ENVIO MASC CON MAIL CERTIFICADO

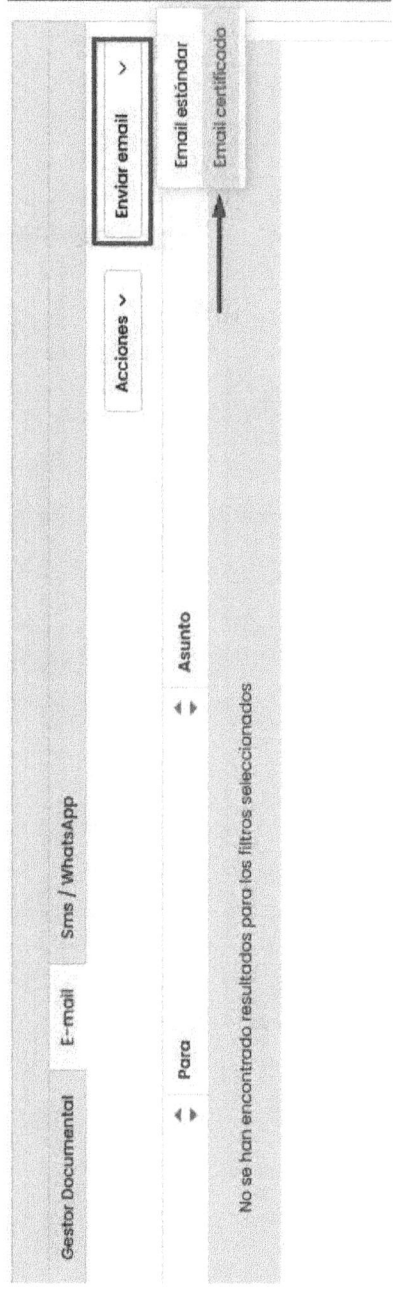

Gestor Documental   E-mail   Sms / WhatsApp

Acciones ∨   Enviar email ∨

Email estándar

Email certificado

Para   Asunto

No se han encontrado resultados para los filtros seleccionados

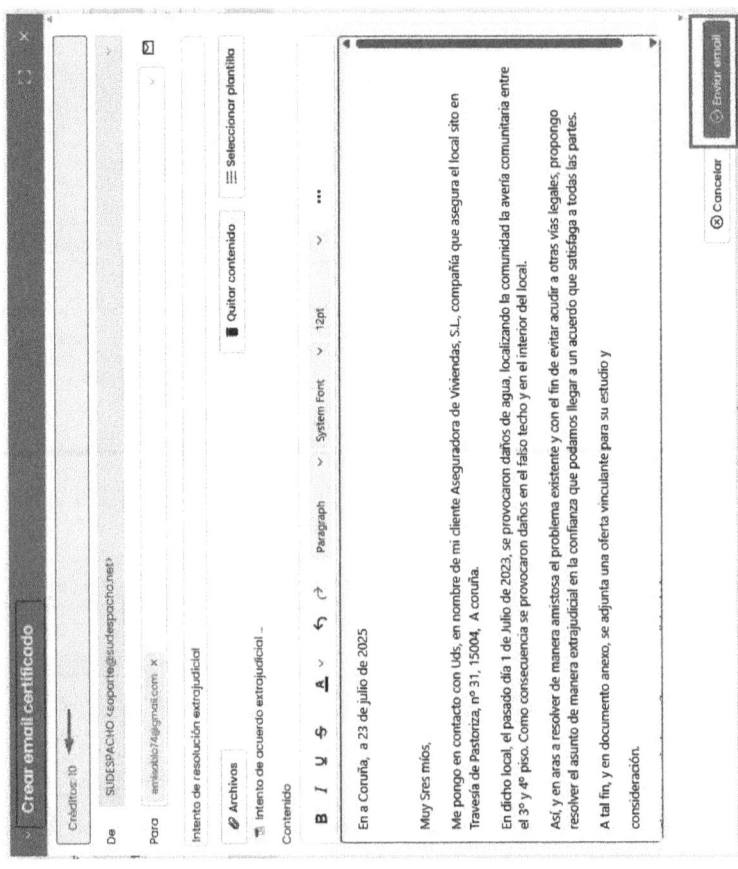